Лишь по милости Божьей

Норма Кеннетт

Перевод Сергея Чалова

TEACH Services, Inc.
P U B L I S H I N G
www.TEACHServices.com • (800) 367-1844

Copyright © 2014 TEACH Services, Inc.
ISBN-13: 978-1-4796-0129-5 (Paperback)
ISBN-13: 978-1-4796-0130-1 (ePub)
ISBN-13: 978-1-4796-0131-8 (Kindle / Mobi)

Library of Congress Control Number: 2013936832

Published by

TEACH Services, Inc.
P U B L I S H I N G
www.TEACHServices.com • (800) 367-1844

В целях сохранения конфиденциальности имена некоторых людей были изменены.

Оформление Кен Макфарланд
Обложка Маркус Машберн
Иллюстрация на обложке основана на сне автора

Посвящается

Моей дочери, зятю и дорогим внукам – подарку небес.

«И до старости, и до седины не оставь меня, Боже, доколе не возвещу силы Твоей роду сему и всем грядущим могущества Твоего» (Псалом 70:18).

Благодарности

Я благодарна Богу за то, что Он провел меня через горнило страданий, чтобы научить меня доверять Ему всем сердцем. Он дал мне все, чтобы я, вложив руку отчаявшихся в руку Божью, могла утешать и ободрять людей в трудное для них время.

Я также благодарна своей семье и многим друзьям, поддерживавшим меня в написании книги и постоянно интересовавшимися, закончена ли она уже. Благодарю Мэри Моррис, которая помогла мне с редактированием на начальном этапе.

Пастор Роберт и Эсме Росс перечитали книгу до ее публикации и сделали ценные замечания. Я очень благодарна им обоим.

И, наконец, Кен Макфарланд все это время преданно и терпеливо руководил редакцией книги и предоставлял свою экспертную оценку. Мне было приятно осознавать, что ему всегда можно было задать волновавший меня вопрос.

Оглавление

Глава 13 ~ Небесная музыка 56

Глава 14 ~ Чтение Библии 59

Глава 15 ~ Ресторан 63

Глава 16 ~ Сон в Данвилле 65

Глава 17 ~ Падение с крыши 67

Глава 18 ~ Поездка в Рио 71

Глава 19 ~ Сон в моей квартире 77

Глава 20 ~ На подъемнике 83

Глава 21 ~ Три воина 89

Глава 22 ~ Его рука защитила меня 93

Глава 23 ~ Лишь на миг 96

Глава 24 ~ Ящики 98

Глава 25 ~ Гудвилл 102

Глава 26 ~ Бездомный 106

Заключительные комментарии 110

Введение

Эта книга явилась результатом событий, которые чуть было не стоили мне жизни. И хотя подобного не пожелаешь никому, я все же считаю всё происшедшее подарком неба. Когда в жизни случаются подобные вещи, очень быстро направляешь внимание на главное. А что в жизни главное? Главное - это познать Иисуса – Жизнедателя и Творца всего сущего; это знать, что когда бы ты ни обратился к Нему, Он всегда готов выслушать твою просьбу.

Вот почему мы блаженны, когда проходим огонь испытаний. Рассматривайте эти опыты как благословения, а не тяготы или проклятия. В Послании к Евреям Бог сказал: «Не оставлю тебя и не покину тебя» (Евреям 13:5); и выше: «Ибо Господь, кого любит, того наказывает» (Евреям 12:6). Итак, вас постигло горе или отчаяние? Считайте, что вам повезло. Да, сейчас вам всё представляется в мрачном свете, но держитесь: Его силой вы перенесете житейские бури. Позже вы поймете, что действительно стоило пройти через все испытания, чтобы приблизиться к источнику любви, милости и благодати.

Надеюсь, что то, что Бог совершил в моей жизни, послужит ободрением и благословением и вам. Его любовь к каждому из нас драгоценнее, чем сама жизнь. Он доказал это, умерев за нас на голгофском кресте.

«Неизбежность переживаний и испытаний, которые нам приходится переносить, показывает: Господь Иисус видит в нас нечто драгоценное, что Он желает развивать. Если бы Он не видел в нас ничего, посредством чего Он мог бы прославить Свое имя, Он не стал бы тратить время на очищение нас. Он не бросает в Свою огненную печь камни, не имеющие никакой ценности» (Служение исцеления, с.471).

И не забудьте, что именно испытания побуждают нас бежать ко кресту и изо всех сил молить Спасителя о помощи. Вот что Господь обещал всем верным Ему:

«Я иду приготовить место вам. И когда пойду и приготовлю вам место, приду опять и возьму вас к Себе, чтобы и вы были, где Я» (Иоанна 14:2,3).

Он уже давно хочет прийти на землю. Его желание забрать нас на небо больше, чем наша готовность отправиться туда. Можем ли мы откровенно сказать, что едины с Ним так же, как Он един с Отцом? Этого единства я жажду больше всего на свете. Почему? Потому что с самого детства я всегда ощущала на себе Его милость. Нам еще только предстоит узнать, как часто Он защищал нас от бед, о которых мы и не подозревали.

Я хочу, чтобы история моей жизни, моё свидетельство помогли вам не только выдержать жизненные трудности, но и искать Бога с твердой решимостью узнать Его как можно лучше.

Глава первая

Ответ на молитву

Страх почти полностью парализовал тело. Я знала, что у меня могут найти рак.

Когда мне было под сорок, врач сказал, что рак груди мне почти обеспечен, если я и дальше буду есть и пить всё, что содержит кофеин. На тот момент у меня уже стали появляться признаки наличия аномальных клеток.

В то время я баловала себя разными вкусностями, при этом ни мало не переживая о последствиях. И все же время от времени я не могла сдержаться, чтобы не съесть чего-нибудь, содержащего кофеин. И хотя я делала все это не так часто, полагая, что ничего страшного здесь нет, это все-таки была игра с огнем. Мне было 50 с небольшим, когда врач посоветовал мне сделать первую биопсию. Я поняла, что должна была более серьезно прислушаться к предупреждению; но теперь было уже поздно. Меня охватил такой страх, что поддержать меня из Сиэтла прилетела дочь. Какое же это было благословение!

Напуганная происходящим, я легко отказалась от кофеина в любой его форме. Но шли годы, стрессы давали себя знать, и мои ежегодные маммограммы снова показывали присутствие аномальных клеток.

К тому же я жила в 10-15 милях от нефтеперегонного завода, который время от времени выбрасывал всякую ядовитую химию, предупреждая при этом население о необходимости закрывать окна и двери и не выходить на улицу.

Я благодарна Богу за то, что Он направил меня к знакомой, которая порекомендовала мне обратиться к доктору Марку Оуэнсу. У нее в прошлом тоже были подобные проблемы, и поэтому она настоятельно советовала обратиться именно к нему. Из всех врачей, которых мне довелось встречать, он отличался особым сочувствием к пациентам. Его добрые, мягкие манеры успокоили меня. Я знала, что могу довериться суждению этого опытнейшего человека. Он был очень серьезен, когда объяснял, что во время биопсии он возьмет на исследование образец аномальных клеток. Если клетки окажутся раковыми, он удалит грудь. Я знала, что была не первая и не последняя из тех, кому пришлось пережить такие же страшные мгновения. Но была ли я внутренне готова к этому? Пожалуй, нет.

Я сильно переживала об исходе операции. Что принесет мне завтрашний день? Посреди волнений я обратилась к Иисусу – единственному источнику силы и утешения. Вечер перед операцией я провела в искренней молитве: « Господи, мне так страшно и одиноко. Будь со мной в операционной. Руководи руками и разумом хирурга. Прошу Тебя, Господи, дай мне ЗНАТЬ, что, пока я буду на операции, Ты будешь там со мной. Я не знаю, как Ты это сделаешь, но Ты Бог! Ты можешь всё!»

Я дважды помолилась об этом, чтобы Бог меня услышал наверняка.

Аделин, моя старшая сестра, жившая от меня в двух часах езды, всегда была готова оказать любую необходимую помощь. Она согласилась переночевать со мной в больнице, чтобы утром отвезти домой и присматривать за мной, пока в этом будет необходимость.

Встретившись на следующее утро с врачом перед биопсией, я снова почувствовала себя лучше: уж очень приятно мне было его сопереживание. Я знала, что Иисус поможет ему сделать все, что в человеческих силах. Меня везли в операционную, делали анестезию, а я всё шептала одну и ту же молитву: «Господи, дай мне ЗНАТЬ, что Ты будешь со мной во время операции».

Кажется, прошло всего несколько минут, прежде чем я услышала голос врача: «Норма, операция прошла успешно. Приходите ко мне на прием во вторник».

Несмотря на туман в голове, я поразительно четко услышала и запомнила все его указания.

Потом до меня донесся голос медсестры: «Миссис Кеннет, проснитесь, проснитесь!» Должно быть, я снова забылась крепким сном: я просто не могла пошевелиться или заставить себя проснуться. Лишь ценой огромных усилий ко мне постепенно снова стало возвращаться сознание.

И вдруг я вспомнила! Во время операции мне снился сон. Воодушевленная этим, я попробовала рассказать медсестре о том, что Иисус ответил на мою молитву и пришел ко мне во сне. Но сестра стала нервничать и попросила меня успокоиться, что было совершенно невозможно, из-за переполнявшей меня радости.

Медсестра видела, что я уже вполне восстановилась после анестезии и ко мне полностью вернулось сознание, и поэтому не знала, как реагировать на мое возбужденное состояние. Она вызвала другую сестру, чтобы отвезти меня в послеоперационную палату, где меня уже ожидала моя родная сестра. Я попыталась поделиться своей радостью и с этой новой медсестрой, пока она заводила мою каталку в лифт, но та, кажется, не собиралась воспринимать меня всерьез. Я же никак не могла сдержать чувств и всё порывалась ей рассказать, что со мной случилось. (Я ведь понимаю, что так себя пациенты после операции обычно не ведут).

Когда же мы, наконец, добрались до послеоперационной палаты, я села на каталке и закричала своей сестре: « Аделин! Аделин! Иисус ответил на мою молитву! Он был со мной во сне, пока я была на операции!» Я быстро- быстро стала рассказывать ей свой сон, но она в ответ только загораживалась от меня руками.

«Да ты вся светишься! – сказала она. – Ты как будто только вернулась с вечеринки!»

«Что? – подумала я.— Нет! Нет! Это Иисус! Это Он ответил на мою молитву! Это Он был со мной во сне в операционной!»

А теперь, наконец, я должна рассказать свой сон, ставший для меня таким бесценным опытом.

Во сне я видела Иисуса, сидящего напротив меня за столом. Не помню, был тот стол круглым или квадратным, но помню, что на нем лежали сплетенные пальцы Христа. Его голова была чуть наклонена, спокойные глаза устремлены на меня. Я была вне себя от радости, ведь я сидела за одним столом со своим Спасителем! «Но как это может быть? - подумала я. – Неужели я на небе?!»

Оглянувшись, я увидела окружавшую нас бескрайнюю равнину. Где-то вдалеке виднелось что-то, похожее на горы, но сказать, что это были именно они, было сложно: слишком уж они были далеко. Да, в принципе, это было и неважно, ведь Я БЫЛА С ИИСУСОМ!

Сидя напротив Христа, Я ощущала радость, мир, удовлетворение и безопасность. И вот, находясь в таком состоянии умиротворенного блаженства, я посмотрела вправо и заметила, что Иисус сидел рядом со мной на стуле - стола между нами не было.

« Как же это может быть? – подумала я. – Он одновременно сидит и передо мной, и рядом со мной». Справа Иисус сидел в той же позе, что и за столом: руки Его были сложены, но на этот раз на коленях. Голова была в том же положении, что и раньше: Он смотрел прямо перед собой и немного вниз. Он сидел спокойно, как будто ожидая. Он ожидал вместе со мной в операционной! Как это было восхитительно! Я чувствовала себя недостойной такого замечательного ответа на свою молитву.

К этому времени я испытала такой приток сил, что смогла одеться сама.

Сестра переночевала у меня, а на следующий день уехала. Я вполне могла обслужить себя сама и отправиться на прием к врачу во вторник утром. Биопсия показала лишь наличие предраковых клеток. Врач сказал, что если они так и дальше останутся предраковыми, всё будет хорошо. До сих пор такими они и остаются. Спасибо Тебе, Иисус!

Еще около года у меня не появлялось никаких проблем со здоровьем и жаловаться мне было не на что. Однако я тогда и не подозревала, что впереди меня ожидает испытание, которое окажется, пожалуй, пока самым сложным из всех.

Глава вторая

Год спустя

В начале следующего года я стала замечать, что все хуже и хуже слышу правым ухом. «Кажется, я старею», - подумала я. Но со временем появилось ощущение, как будто что-то застряло у меня в ухе. Я пыталась делать промывания, но безуспешно. Поэтому я просто решила не обращать на это внимания.

И вот однажды, остановившись, чтобы поднять с земли божью коровку, я потеряла равновесие и упала. Я попыталась подняться, но у меня все плыло перед глазами. Я сидела, ошеломленная, пока, наконец, мне не удалось подняться. Ничего подобного со мной не происходило ни разу, поэтому на сердце у меня после этого остался неприятный осадок.

Ухо продолжало доставлять мне неприятности. Из-за того, что там что-то застряло, я иногда переставала слышать совсем. Я также чаще стала терять равновесие. Ввиду всего этого мне все хуже и хуже удавалось сдерживать приступы накапливающегося внутри панического страха.

Наконец я набралась смелости и отправилась к врачу. Но он, даже не заглянув в ухо, сказал: «Медсестра промоет вам ухо. Думаю, этого будет достаточно».

Какое-то время после процедуры я действительно слышала хорошо, но так продолжалось недолго. На этот раз врач заглянул мне в ухо и сказал, что, скорее всего, у меня инфекция, и он пошлет меня к ЛОРу, который сможет мне помочь.

ЛОР оказался очень приятным, добрым человеком. Он сказал, что лучше всего продолжать промывания два раза в неделю. Лечение показалось мне совсем не страшным, но я и не подозревала тогда, что каждая процедура будет сопровождаться таким головокружением, что земля будет буквально уходить у меня из-под ног. Каждый раз я впивалась руками в кресло изо всех сил, опасаясь, что меня швырнет на пол или ударит о стену. После процедуры меня тошнило. Врач держал меня, пока кабинет не переставал вращаться, а затем мы договаривались о следующей встрече.

Так продолжалось несколько месяцев, пока я, наконец, не попросила врача дать мне направление на магнитно-резонансную томографию, чтобы, наконец, выяснить, что же со мной происходит. Он сказал, что это будет слишком дорого стоить, и, хотя я все объясняла ему, что у меня отличная страховка, он убедил-таки меня подождать.

В конце концов, одна моя знакомая посоветовала мне ставить на ночь компрессы из активированного угля. Я ни разу не слышала о таком средстве, но она подробно мне все объяснила и сама поставила мне первый компресс на ухо. Каждый вечер я скрупулезно выполняла ее указания, продолжая, тем временем, делать промывания и в больнице.

Через две недели врач, заглянув мне в ухо, испуганно спросил: «Что вы делаете?»

«Ничего!»,- ответила я, опасаясь, что, если я скажу ему об угольных компрессах, он станет ругать меня. Каким-то инструментом он вынул из уха небольшую бурую корку и положил ее в пластиковый кулечек, чтобы отправить в лабораторию для биопсии. Когда пришли результаты анализа, я вздохнула с облегчением: это был не рак.

Но эта схема стала повторяться с пугающим постоянством: каждый вечер я ставила компрессы, дважды в неделю промывала ухо, а из него выходило все больше и больше этого бурого вещества. Мы сделали еще одну биопсию, но и она дала отрицательный результат. При этом я чувствовала, что временами что-то у меня в ухе то открывается, то закрывается.

Наконец, события приобрели неожиданный оборот. С обеспокоенным видом врач сказал, что мне *немедленно* надо сделать магнитно-резонансную томографию. Я спросила, можно ли будет записаться на прием, на что он категорически отрезал: «Нет!» При всем том он настаивал, чтобы это было сделано немедленно. Я стояла перед ним, как громом пораженная, зная теперь уже наверняка, что со мной стряслось что-то очень серьезное.

Где-то в половине пятого я вышла из кабинета врача. Сев в машину, я попросила Бога помочь мне сразу же пройти эту томографию. Сердце мое бешено билось, и меня потихоньку охватывала паника. Я набрала номер, который дал мне врач. Трубку подняла женщина, и я объяснила ей суть проблемы.

«В настоящее время свободных окон у нас нет, - сказала она, - но думаю, что смогу вас записать где-то недели через три». Внутри меня все оборвалось.

«Это точно?» – спросила я.

«Точно», - ответила она.

«А вы не могли бы еще раз просмотреть журнал? - не унималась я. – Мне крайне важно срочно попасть на прием».

Нехотя, она согласилась: «Хорошо я посмотрю, но вряд ли это поможет».

Я продолжала просить Бога, чтобы по милости Своей

Он нашел бы для меня окно. Кажется, это ожидание длилось вечность. Вернувшись к телефону, она сказала: «Вам повезло. Вы сможете прийти завтра в 11.30?»

«Да! – почти прокричала я. – Смогу!» Это был еще один ответ на молитву!

На следующее утро я приехала в больницу пораньше. Процедура прошла очень быстро. Я была счастлива, что смогла сделать томографию за один день!

Но я и не подозревала, что вскоре мне придется столкнуться с еще одной неожиданностью.

Глава третья

В отделении экстренной медицинской помощи

Я лежала дома, ночью после магнитно-резонансной томографии и не могла уснуть. Я все никак не могла успокоиться. В правом ухе у меня что-то начинало давить все сильнее и сильнее. Когда я поворачивалась на него, оттуда вытекала какая-то жидкость и стекала на подушку. Комната сразу же начинала кружиться. Я хваталась за изголовье кровати, чтобы не потерять сознание. Я была вся мокрая от прошибавшего меня пота. Я боялась, что меня покинут все силы и из меня вытекут все соки. В голове все кружилось, и меня всё куда-то несло.

С трудом я доползла до ванной, а затем снова до кровати. Мне не хватало воздуха, и я думала, что уже умираю. Я молила Бога о том, чтобы мне продержаться до утра.

«Кому же мне позвонить в половину второго-то ночи?»

- думала я. Я вспомнила одну подругу, которая могла бы помочь, хотя и жила далековато от меня. Но я помнила только код города и три первые цифры номера ее телефона. И вдруг, в темноте я увидела четыре недостающие цифры ее номера, написанные красным. «Странно, - подумала я. – Почему они написаны красным?»

Очень осторожно я потянулась к телефону. Комната постоянно кружилась. Я оставила на автоответчике сообщение с просьбой о помощи.

Наконец, комната перестала кружиться, и я могла уже спокойно отдохнуть. Все это время я постоянно говорила с Иисусом, снова и снова прося его помочь мне продержаться до утра. Я боялась, что если я вдруг усну, то уже, вероятно, не проснусь.

Утро застало меня отдохнувшей. Господь, кажется, дал мне немного поспать, и, хотя я по-прежнему чувствовала слабость и была насквозь мокрой от пота, но голова уже кружилась не так. Я медленно потянулась к телефону и снова набрала номер знакомой. На этот раз она ответила (она только что включила телефон, но еще не успела просмотреть сообщения). Я описала ей мое состояние и попросила отвезти меня в отделение экстренной медицинской помощи. Она сказала, что приедет, как только соберет вещи.

Часа через полтора я услышала, как она открыла входную дверь и зашла в квартиру. По милости Божьей я оставила ей один ключ, чтобы она могла раз в неделю ночевать у меня, так как ее занятия по капелланству проходили недалеко от моего дома. Слава Богу, что она смогла сама открыть квартиру.

Быстро взойдя по ступенькам, она остановилась в дверях моей спальни, глядя на меня с открытым ртом.

«Я никуда тебя не повезу!» - наконец сказала она.

«Почему?»

«Боюсь, ты потеряешь сознание, пока мы туда доедем. Ты бледная как поганка и страшная как смерть!»

Я пыталась спорить с ней, но она настояла, чтобы я сначала позвонила своему врачу, и дала мне трубку. Когда я объяснила ему, что случилось, он разрешил мне ехать; но велел передать им, что, по его мнению, у меня был мини-инсульт.

Ой – ой – ой!

В отделении экстренной медицинской помощи, как водится, было полным полно народу. По-прежнему ощущая слабость и головокружение, я с помощью подруги потихоньку дошла до регистратуры. Женщина, однако, не обратила на сообщение моего врача никакого внимания и велела нам ждать своей очереди. Я была в тот момент не в состоянии спорить. Однако едва мы успели дойти до наших мест, как из регистратуры нам сказали, что мы следующие в списке. Бог ответил на еще одну молитву.

На каталке меня завезли в палату и дали халат и койку. Вскоре меня отвезли на еще одну магнитно-резонансную томографию. Вернувшийся с результатом лаборант возбужденным голосом произнес: «Уважаемая, вам срочно нужно к врачу! У вас в голове какое-то большое образование».

Как громом пораженная, я прошептала: «Что? Большое образование? Вы уверены?»

«Да! Вам срочно нужно к врачу, - повторил он. – У вас в голове большое образование».

Я попросила распечатку, но они отказались мне выдать ее. Ошеломленная, я стояла, едва будучи в состоянии пошевелиться. Мозг отчаянно пытался осмыслить происходящее. Я знала, что мои дела плохи, но не подозревала, что настолько. Я ни разу не чувствовала боли, и лишь ощущение небольшой дверцы, то открывавшейся, то закрывавшейся у меня в ухе, плюс мое головокружение действительно докучали мне.

В состоянии шока я с подругой вернулась домой. Мы переночевали вместе. Утром я позвонила в лабораторию и, объяснив ситуацию, договорилась, что моя знакомая приедет и заберет результаты предыдущей магнитно-резонансной томографии, чтобы завезти ее моему врачу. Увидев томографию, он велел ей немедленно привезти меня к нему.

Я застала его в состоянии легкого шока. Он сказал, что мне нужна срочная операция, но что он таких операций не делает. Мне нужно попасть к д-ру Кевину Маккеннану. Он поручил медсестре позвонить ему и договориться о встрече. Она вернулась через пару минут, сообщив, что д-р Маккеннан ушел на две недели в отпуск.

Я обомлела, услышав это. Врач велел мне идти домой и звонить в офис д-ра Маккеннана каждый день, чтобы записаться к нему на прием. Он отдал мне результаты моей магнитно-резонансной томографии и отослал меня домой.

Две недели показались мне тогда вечностью. Поможет ли мне Бог продержаться все это время?

Глава четвертая

Ожидание

Следующие две недели меня терзали недобрые предчувствия.

Мне было очень одиноко. Я позвонила на работу и сказала, что беру больничный на неопределенный срок. Целыми днями я звонила в офис д-ра Маккеннана, всё еще надеясь, что он вернется из отпуска, прежде чем мое состояние ухудшится. Я пыталась звонить и другим врачам в надежде, что они смогут принять меня раньше. Вскоре я поняла, что новым пациентам приходится намного дольше ждать своей очереди. Но я все равно для подстраховки записалась в несколько мест: не помогут мне в одной больнице, возможно, помогут в другой.

Иногда я теряла равновесие, иногда мне приходилось на четвереньках взбираться по лестнице. Передвигалась я по стеночке, хватаясь за все, что можно, чтобы не упасть. По большей же части я в это время отдыхала и просила Небесного Отца поддержать меня, пока не вернется врач.

По ночам я молила Бога не дать мне уснуть: я боялась, что уснув, уже не смогу проснуться. Я просила Его поддержать меня до следующего рассвета, потом до следующего заката. Я ощущала на себе дыхание смерти. Повсюду меня словно преследовала тяжелая, мрачная тень. Смерть гналась за мной по пятам, и, остановись я на секунду, она, казалось, тут же настигнет меня.

Однажды мне позвонил коллега с работы, чтобы узнать о моем самочувствии. Я рассказала ему обо всем, что со мной происходит. Я перепугалась, когда услышала в трубке его слова: «Это дьявол хочет уничтожить тебя! Я перезвоню позже».

Вскоре он, действительно, позвонил и дал мне номер знакомого врача в Пласервилле. «Позвони ему немедленно и постарайся записаться на сегодня, - сказал он. – Я заеду к тебе и отвезу тебя в больницу».

Я сразу же перезвонила и договорилась, что меня примут в 13.00 в тот же день. Мой коллега завез меня в больницу пораньше, так что у нас было время спокойно заполнить все необходимые бумаги.

Как только меня вызвали в кабинет, я протянула врачу мои снимки. Он стал рассматривать их, не спеша с ответом (снимков было довольно много). Наконец он тоже согласился с тем, что мне нужна срочная операция. Однако он сказал, что не делает таких операций. Сожалея, что не сможет мне помочь, он поинтересовался, кто был моим лечащим врачом. Я рассказала ему о д-ре Маккеннане и других специалистах, с которыми я созванивалась. Тогда он попросил медсестру навести справки обо всех этих врачах. Вскоре она распечатала ему всю необходимую информацию. Он быстро прочел все и сказал: «Дождитесь д-ра Маккеннана».

Когда я вернулась домой, там меня ожидала моя сестра. У нее тоже был ключ от моих дверей, и теперь она приехала навестить меня.

«Кстати, - сказала она, – тебе звонили от д-ра Маккеннана и просили сразу же перезвонить, чтобы договориться о приеме».

Я сразу же воспрянула духом. Потом, позвонив и узнав, что д-р Маккеннан вернулся и хочет посмотреть меня рано утром, воспрянула еще больше. Бог ответил на мои молитвы, и теперь я славила Его за это.

Мне позвонила другая знакомая с работы, чтобы справиться о моем самочувствии. Я рассказала ей, что мне нужно будет ехать на прием к врачу, и она вызвалась отвезти меня утром в больницу (т.к. моя сестра уже поехала домой). Как благодарна я была Богу за семью и друзей, которые выкраивали время, чтобы поддержать меня в трудную минуту.

Я с нетерпением ожидала утра, которое, в зависимости от решения врача, могло резко изменить мою жизнь.

Глава пятая

На приеме у врача

«А мне о вас уже все известно!» - приветствовал меня д-р Маккеннан на следующее утро. – Мы с д-ром Маккри поддерживали связь, пока я был в отпуске».

Слава Богу! Эти слова были как бальзам на душу: процесс уже начался.

«Покажите-ка мне ваши снимки».

Внимательно изучив их, д-р Маккеннан сказал: «Операцию мы сделаем завтра. Существует опасность того, что после нее правая сторона лица будет подергиваться, а то и вовсе окажется парализованной. Вы также можете лишиться вкусовых ощущений».

«В котором часу будет операция?» – спросила я (несмотря на его шокирующие замечания, меня беспокоил еще один вопрос).

«Не знаю, - сказал он. – Я только что вернулся из отпуска и у меня все уже расписано. Может в 5:30, а может в 6 или 7 часов вечера».

«А сколько она будет длиться?» – спросила я.

«Все зависит от того, что я там найду. Может и четыре, и пять часов, а может и больше».

Я быстренько все себе прикинула в уме. Завтра – пятница. В марте дни еще короткие. Темнеет рано. В моем сознании четким набатом звучали слова четвертой заповеди: «…ни раб твой, ни рабыня твоя, ни скот твой, ни пришлец, который в жилищах твоих; ибо в шесть дней создал Господь небо и землю, море и все, что в них…»

Глаза заволокло слезами. Я испугалась, что расплачусь прямо в кабинете. Одними губами, повернувшись к привезшей меня в больницу Дениз, я, даже не прошептала, а лишь обозначила слово «СУББОТА» (я просто боялась, что, если я что-то скажу, то тотчас разрыдаюсь). Потом я повернулась к врачу.

«Что? Вы плачете?» – участливо произнес д-р Маккеннан, увидев мои слезы. Я посмотрела на подругу и показала ей жестом: «Я не могу говорить».

«Это ее суббота», - объяснила та.

«Что?» - недоуменно спросил он.

По милости Божьей в эту минуту ко мне вернулась способность говорить. «Это суббота Господня, - сказала я. – Я не могу идти на операцию в субботу». Я объяснила, что суббота начинается с захода солнца в пятницу вечером и оканчивается заходом солнца в субботу вечером.

Эти слова неприятно поразили его. Он помолчал мгновение, а потом воскликнул: «Норма! *Но вы не доживете до понедельника!*»

Я кивнула в знак согласия и сказала: «Я знаю. Но я не смогу вообще жить, если у меня не будет мира».

Он бросил что-то, типа: «Я в это не верю!» - и лишь глядел на меня, качая головой.

«Ладно, посмотрим, удастся ли мне поменять что-то в расписании, - сказал он. – Но я вам ничего не обещаю.

Медсестра даст вам направление на снимок сегодня. Сделаете его, подождете, пока его расшифруют, а потом принесете мне до конца рабочего дня. Я должен посмотреть его до операции. Потом идите домой и приготовьте все бумаги. Я не даю гарантии, что вы переживете эту ночь равно как и перенесете завтрашнюю операцию», - закончил он.

Потрясенная, я вышла из кабинета, как в тумане; но по милости Божьей я сделала то, что мне сказали. На снимок мне нужно было прийти на 15:00. У меня было еще много времени, поэтому мы заехали в Центральную церковь в Сакраменто и нашли там пастора Уайта. Я рассказала ему о том, что со мной случилось, и попросила его помазать меня елеем. Он великодушно согласился. В конце мы все помолились, и я ощутила в сердце мир. Это все было, словно елей на душу.

Мы с Дениз заехали пообедать. Но поскольку у меня постоянно кружилась голова, и меня подташнивало – а также вследствие морального и эмоционального стресса – я практически ничего не съела. После обеда мы поехали на снимок.

Процедура оказалась не из приятных. Я была абсолютно не готова к постоянному стуку, которым она сопровождалась, но мне удалось сосредоточить мысли на стихах из Библии и петь псалмы. Казалось, Господь был совсем рядом, и я успокоилась.

После процедуры нам еще довольно долго пришлось ожидать результат. Наконец, мне протянули большой конверт, с которым мы отправились в кабинет врача. Рабочий день только что завершился, но нас еще ждали. Врач поблагодарил меня за снимок, и мы пошли домой.

Но на этом день еще не закончился. Сразу же после

обеда я позвонила на работу, чтобы там были в курсе происходящего. Я хотела поговорить с Джоном Бриджесом, чтобы попросить его приехать ко мне и помочь составить завещание. Он работал в отделе завещаний в «Удивительных фактах», где в то время трудилась и я. Он согласился подъехать к семи часам вечера. Моя сестра Аделин снова пообещала переночевать у меня, чтобы утром отвести в больницу, если вдруг операция будет назначена на утро.

По дороге домой я все никак не могла поверить в то, что все это действительно происходит со мной. Мы говорили с Дениз о том, что, может быть, благодаря елеепомазанию новообразование исчезнет, и нужда в операции отпадет сама собой. Но этого не случилось.

Все это время я рукой веры я держалась за Иисуса, зная, что Он был со мной в моих испытаниях. Меня поддерживало внутреннее спокойствие и уверенность. И в то же время я вполне отдавала себе отчет во всей серьезности происходящего: все это не было сном.

И все же я знала: Иисус рядом, и Он проведет меня через все то, что еще предстоит пройти.

Глава шестая

Молитва и исповедь

Когда мы вернулись домой, моя сестра уже ожидала меня. Она была готова помочь мне во всем, чтобы я преодолела будущие испытания. Вскоре пришел Джон со своей женой Тамой Джо. Они обняли меня и заверили, что им небезразлична моя судьба. Вначале Джон совершил молитву, а потом мы с ним уселись за стол, пока сестра негромко беседовала с Тамой Джо в соседней комнате. Джон дал мне ручку и сказал, что нужно писать:

Я, Норма Кеннетт, находясь в здравом уме, объявляю о своей последней воле и своем завещании...

В милости Своей Господь дал мне сил и ясности ума написать все, что нужно было заверить в случае моей смерти. Закончив эту работу, я почувствовала огромное удовлетворение. До этого я ни разу не задумывалась об этом, но все навалилось вдруг, в один день. Когда мы закончили составление документа, сестра расписалась в качестве свидетеля, а Джон пошел делать копии. Вскоре все было окончено, и я поблагодарила Джона и Таму Джо за помощь в этом деле.

Позже, собираясь спать, я подумала, что уже,

возможно, вообще в последний раз чищу зубы и умываюсь. Склонившись у кровати, я молилась о семье, начав с дочери, зятя и любимых внуков. Я умоляла Господа спасти их для вечности. Затем я перешла на отца и братьев, и сестер с их семьями (моя мама умерла год назад, и я была уверена, что встречусь с ней в первом воскресении). Наконец, я попросила Бога устроить мне операцию пораньше, чтобы хирург мог завершить ее до начала субботы.

Затем, из моей терзаемой волнениями души, полился неудержимый поток слов: «Господи, я не думала, что могу умереть от опухоли! Я думала, что моя кровь станет «семенем для последнего времени» (Отец Церкви Тертуллиан писал, что «кровь мучеников является семенем Церкви»). «Я не знаю, уготована ли мне эта участь, но если это так, то я уверена, что Бог поможет мне перенести все». Я молилась так, потому что за свою взрослую жизнь трижды видела во сне, как меня преследовали за веру. Но важнее всего была уверенность в том, что, какой бы ни была моя участь, мой Господь и Спаситель уже прошел этим путем и обещал провести меня по нему, держа за руку. «И се, Я с вами во все дни до скончания века» (Матфея 28:20).

Как только я закончила молитву, перед моим мысленным взором сверкнула молния. Я поняла, что она символизировала мою жизнь, казавшуюся теперь такой маленькой.

«Господи! - воскликнула я. – Ты знаешь мою жизнь от начала и до конца. Ты знаешь, что если я буду жить, то могу сделать что-то неразумное и потерять вечность. Нет, Господи! Пусть не моя будет воля, но Твоя! Помоги мне вспомнить все то, в чем я должна исповедоваться. Я хочу твердо знать, перед тем как поднимусь сегодня с колен, что, если я умру сегодня или завтра, то встану в первом воскресении».

Я регулярно исповедуюсь в грехах перед Богом, но, учитывая серьезность момента, эта просьба вполне могла оказаться последней. Наступит ли для меня завтра? Это было большим вопросом.

Я молчала, с нетерпением ожидая ответа. Но напрасно. «Господи! - повторяла я. – Пожалуйста, открой мои неисповеданные грехи. Я не встану сегодня с колен, пока не буду *знать* наверняка, что буду в первом воскресении».

Со временем кое-что пришло-таки мне на ум. Я испытала облегчение от того, что Господь услышал меня. Я сказала: «Да, Отче! Прости. Что еще, Господи? Что еще?» Я терпеливо ждала. Время, казалось, остановилось. Но в эти минуты внутренней борьбы я не вспомнила больше ничего. Тем не менее, я продолжала молить Господа: «Боже, что еще?» И вдруг в сознании возник еще один образ.

«Да, Господи! Прости меня. Еще, Отче! Что еще? Не отпущу Тебя, пока не благословишь меня». И снова я ожидала, пока Господь покажет мне что-то еще, что могло бы помешать мне обрести вечность с Иисусом.

Вдруг меня охватило ощущение мира и Божьего присутствия. Такой мир мог дать только Бог. Он заполонил всю мою душу. Он превзошел мое разумение. Огромное бремя свалилось с моих плеч. Я чувствовала себя самой счастливой женщиной на свете. В ту минуту я знала, что ничто не разделяло мою душу с Господом. Очень сложно передать словами состояние полного смирения перед Богом – удивительно прекрасного и умиротворенного состояния ума.

Той ночью я спала, как младенец, с застывшей на губах

улыбкой. И даже несмотря на то, что я не знала, проснусь я утром или нет, меня это ни мало не заботило; ведь я была уверена, что если умру той ночью, то увижу лицо Иисуса при звуках последней трубы Божьей. Эта мысль наполнила меня невыразимым счастьем и миром. И было не важно, что случится потом. Возьми мою жизнь, мой дом – мое богатство не держит меня. Для меня важен лишь Иисус, а все остальное — ерунда. Какое прекрасное место: полное умиротворение в руках моего Спасителя.

Завтра – может операция, а может, и нет. Но сегодня – мир.

Глава седьмая

Утро

Наступило утро, и к моему удивлению, я проснулась! Я все еще была здесь!

Я поблагодарила Бога за еще один день и напомнила Ему, что остается перейти еще один «мост», который, я знала, мы перейдем вместе.

В 9:00 помощница д-ра Маккеннана позвонила мне и сказала, что врачу удалось перекроить расписание. Она попросила меня прийти к 10:30, чтобы подготовиться к операции, которая начнется в 12:30. АМИНЬ! Я горячо поблагодарила Господа за дорогую душу, которая пожертвовала своим временем операции ради меня.

По дороге в больницу я думала о том, как (даже за три, четыре недели до этого) мне всё уже «содействовало ко благу». Я обратилась к своему терапевту просто потому, что неважно себя чувствовала. Он послал меня на анализ крови и ЭКГ. Тогда я еще и не подозревала, что это понадобится для предстоящей операции. Бог все предвидел заранее. «И будет, прежде нежели они воззовут, Я отвечу; они еще будут говорить, и Я уже услышу» (Исайя 65: 24).

У больницы меня уже ожидала моя подруга Сильвия. Она искренно переживала обо мне и пришла, чтобы помолиться со мной перед операцией. Я улыбнулась про себя и сказала ей, что все мои бумаги в порядке, и я уже помолилась обо всех моих родственниках. На сердце у меня был полный мир, потому что ничто не разделяло мою душу с моим Спасителем. Она сказала, что будет и дальше молиться обо мне, а я поблагодарила ее за это. Потом я попрощалась с сестрой, которая пообещала здесь же дождаться конца операции.

Вскоре меня привезли в палату, где уже ждал врач. Он справился о моем самочувствии. Я сказала, что со мной все в порядке, и что я готова к любому исходу. Я еще раз попрощалась с сестрой, и оттуда меня уже повезли в операционную.

Мое будущее находилось теперь в руках Божьих. В моей жизни должна была совершиться Его воля.

Сможет ли врач закончить операцию до наступления субботы? Выживу ли я? Вскоре я должна была узнать ответы на эти вопросы.

Глава восьмая

Ночь

В 20:30 я пришла в себя после операции. И снова я испытала удивление и облегчение, когда поняла, что все еще жива. Я поблагодарила Бога за Его удивительную любовь, милость и благодать, за то, что Он позволил мне жить дальше.

«Господи, - сказала я, - у Тебя, похоже, есть для меня план. Я не знаю, в чем он заключается, но я вверяю всю себя сегодня Тебе. Всю жизнь я жила для себя – теперь же я полностью Твоя. Куда бы Ты меня ни повел, я пойду туда; что бы Ты ни поручил мне сделать, я сделаю это; что бы Ты ни повелел мне сказать, я это скажу. Я всецело Твоя!»

По моим щекам текли слезы, а сердце с каждой минутой открывалось все больше и больше навстречу Богу, Которому я еще раз я вручала свое будущее.

Вскоре в палату проведать меня зашла медсестра. Я спросила ее, когда закончилась операция. Она сказала, что где-то между 16:30 и 17:30. Слава! Аллилуйя! Мы не нарушили субботу!

На следующий день д-р Маккеннан зашел проведать меня. Он рассказал мне о своих действиях, и заметил, что очень рад, что операция началась так рано: она оказалась длинной и напряженной. Вряд ли он смог бы сделать все, так точно и выверено, если бы операция проводилась в конце рабочего дня. Слава Богу за милости Его!

У моей опухоли было название: холестеатома. В ее задачу входит: завоевывать, разрушать и съедать все на своем пути, а особенно кости, мышцы и другие ткани. И именно этим она и занималась у меня в голове.

Опухоль проникла вглубь мозга на 2,5 см, и в этом д-р Маккеннан усматривал главную сложность. Он считал, что я могу умереть, если он проткнет тонкую мембрану, расположенную в твердой мозговой оболочке сразу за ухом. Мембрана удерживает мозговую жидкость, и при ее прорыве возникала перспектива смерти от менингита.

Д-р Маккеннан сделал надрез за правым ухом сверху донизу и начал осторожно, чтобы не проткнуть тонкую мембрану, удалять опухоль, которая поразила все мои слуховые косточки. Неповрежденным остался лишь небольшой участок кости, отвечающей за поддержание равновесия.

«Я просверлил участок черепа, - сказал он, - и удалил кость. Я размолол ее в порошок, добавил клей и сделал костный паштет. Я взял фрагмент вашей кости, отвечающей за поддержание равновесия, соединил его со сделанной мной костью и прикрепил его к черепу».

Почему туда? Потому что больше лепить было не к чему: за ухом ничего не осталось.

Затем мой хирург отделил участок мягкой костной ткани, покрывающей череп, и, для большей прочности, закрыл ею пораженную область. Наконец, он пришил на место мое ухо. Ух! Я рада, что спала все это время.

Большим благословением было то, что меня посещали в больнице моя сестра, знакомые и пастор Томпсон с женой Елен. Но я уже рвалась домой.

Какую радость я испытывала за благословение жизни и чудесного врача, который смог помочь тогда, когда другие не смогли. Это был еще один подарок от Бога.

Глава девятая
Возвращение домой

Проведя пару дней в больнице, я выписалась, и сестра отвезла меня домой. Я была разведена и жила одна. Но, несмотря на это, Бог все же благословил меня семьей и друзьями, всегда готовыми придти на помощь. Было решено, что на несколько дней ко мне приедет моя дочь (если я, конечно, не умру). Мы уже прощались с Аделин, когда я увидела, как во двор въезжает машина дочери. Не могу описать всю радость, которую я испытала от осознания того, что увижу ее еще раз. Мы договорились, что она поухаживает за мной дня три после операции. Она хотела приехать раньше, но внук мой был еще совсем маленький, и мне было бы спокойней, если бы он был с ней.

Следующие три дня были для меня особенными: каждое мгновение было незабываемым. Мы обменялись ролями. Теперь уже дочь ухаживала за мной, и мне это очень нравилось. Я и представить себе не могла, что время, проведенное вместе, окажет на меня такое замечательное и умиротворяющее воздействие - это было как раз то, в чем я так нуждалась. Худшее теперь осталось позади, и я могла наслаждаться общением с семьей.

Но уже скоро дочери пришлось уезжать. Как я боялась этого момента! Но я благодарила Бога за дочь, за всю ее помощь, за ее нежную, любящую заботу обо мне. Я благодарила Его и за все молитвы, вознесенные обо мне церковью, и за моего зятя, оставшегося с моим совсем еще маленьким внуком. Милостью Божьей у меня теперь есть возможность дожить до 60 и жить дальше, и еще чуть дольше побыть бабушкой.

Еще два месяца я оставалась дома и продолжала получать открытки с пожеланиями о скорейшем выздоровлении, телефонные звонки из разных мест, цветы и домашние супы от коллег по работе. В довершение всего, сотрудники «Удивительных фактов» пожертвовали дневную зарплату, чтобы я могла покрыть свои текущие расходы. Это уже выходило за рамки естественного чувства долга и настолько тронуло меня, что я расплакалась. Я и до сих пор плачу каждый раз, когда вспоминаю об этом. Трудно передать всю любовь, которой одарили меня родственники, друзья и коллеги по работе.

Глава десятая

Голос в ночи

На работе мне дали возможность трудиться по полдня, пока я достаточно не окрепну для полноценной работы. Именно тогда со мной и произошло нечто поистине удивительное. Однажды вечером я лежала в постели и читала главу о распятии Христа из книги «Желание веков».

Вдруг я ясно услышала голос, который позвал меня: «Норма!» Я была дома одна и испугалась. Я вспомнила, как вскоре после смерти моей мамы услышала, как она звала меня так, как это делала только она. Я сразу же поняла, что это был нечистый дух, потому что Библия говорит, что мертвые ничего не знают (они не воспринимают ничего и, как следствие, не говорят, покоясь в могилах до дня воскресения).

«Живые знают, что умрут, а мертвые ничего не знают» (Еккл. 9:5).

«Потому что Сам Господь при возвещении, при гласе Архангела и трубе Божией, сойдет с неба, и мертвые во Христе воскреснут прежде» (1 Фесс. 4:16).

Поэтому я мысленно попросила Иисуса раз и навсегда изгнать этого духа из моей комнаты. Затем я стала напевать детскую песенку «Любит Иисус меня. Это твердо знаю я» до тех пор, пока все не успокоилось.

И вот снова я услышала голос, позвавший меня:

«Норма!» Мысленно я обратилась к Богу: «Это Ты, Господи? Я запуталась. Мне страшно».

Тогда голос сказал: «Норма, ты помнишь тот сон, который ты видела год назад во время операции?»

«Да, Господи!» - ответила я.

«Все то время, что Я сидел перед тобой за столом, - продолжал голос, - пошло за то время, что Я заменял тебе отца, которого никогда не было дома, когда ты была ребенком».

Мои мысли умчались в далекое детство, когда все годы от первых лет в детсаду до первого класса школы, мне страшно хотелось быть с отцом. В связи с работой он отсутствовал дома по месяцу. Потом он приезжал домой на одну ночь и опять исчезал на долгий месяц. Когда он был дома, я цеплялась за него, пока не наступало время ложиться спать. На следующее утро я держалась за него изо всех сил, пока мама собирала его в дорогу. И вот он уже целовал нас всех на прощанье, садился в машину и уезжал. Я стояла у окна, пока его машина не исчезала из виду, а потом плакала часами, надеясь, что он еще вернется. Так продолжалось день за днем. Мама всё велела мне отойти от окна, но я лишь отвечала: «Нет! Я хочу к папе».

В детстве меня иногда охватывала необъяснимая тоска. Я плакала, сама не зная почему. Я спрашивала маму: «Почему мне так грустно?»

«Я не знаю», - отвечала она. Много лет спустя она признается мне, что боялась, как бы я не умерла тогда от разрыва сердца: ничто не могло меня успокоить.

И вот теперь, когда мне было уже под 60, мой Небесный Отец говорил мне, что все это время – с ранних лет и до сих пор – Он никогда не оставлял меня. Его слова проникли в самое мое сердце. Я села на кровати, пытаясь осмыслить происшедшее, и невероятная радость стала наполнять меня изнутри. Мне хотелось рассмеяться. Но Он продолжил:

«А когда Я сидел рядом с тобой, и стол уже не разделял нас – это было за то время, когда Я был тебе вместо мужа, который никогда и не был тебе мужем».

Чем больше я вникала в смысл этих слов, тем больше я чувствовала, как готово разорваться мое сердце. Меня переполняла любовь, и на глазах выступили слезы благодарности.

Я вспомнила свои замужества. С Гленом мы были в браке года полтора. Большую часть этого времени он провел со своими родителями и, наконец, сообщил мне, что его мама – самая важная женщина в его жизни.

С Бобом мы были женаты семь с половиной лет. Я не хотела, чтобы все закончилось, но это время наступило.

За Вильямом я была замужем 20 лет, 18 из которых были очень трудными. Когда наши взаимоотношения стали причинять нас слишком много боли, он согласился обратиться за помощью к консультанту. На первой же встрече специалист посоветовал мне оставить мужа, но я решила держаться до конца, надеясь на улучшение. Но со временем стало ясно, что все останется так же.

Когда этот брак уже приближался к концу, я обращалась к трем разным пасторам за помощью. Я хотела знать: уходить мне или оставаться. Каждый из них сказал мне то же самое: «Норма, он оставил тебя уже давно». Сердцем я понимала, что это так, но мне нужно было услышать об этом от других.

Поэтому, когда Господь сказал мне, что Он занял место моих мужей, которые никогда не были мне мужьями, я стала рыдать из глубины души, чувствуя, как мое сердце переполняется невыразимой радостью. Минуту назад я смеялась - теперь я плакала. Меня охватила безмерная радость. Впервые в жизни я почувствовала себя полноценной: полностью любимой, исцеленной и защищенной. Словами не передать того, что сделал для меня Иисус в тот момент.

Еще какое-то время я то плакала, то смеялась. Я подумала, что если бы кто-то застал меня в таком умственном и эмоциональном состоянии, то немедленно вызвал бы скорую.

Со временем я успокоилась. Я встала на колени у своей кровати и, с залитым слезами лицом, молилась: «Господи! Я не хочу, чтобы это мгновение закончилось». Иисус был ко мне так близок, что мне хотелось продлить это чувство. Мысль о том, что все должно закончиться, казалась мне невыносимой.

«Господи,- продолжала я, - мне бы хотелось, чтобы этот миг длился вечно. Я не хочу, чтобы Ты уходил, но я знаю, что Ты очень занят. Я хочу попросить Тебя о чуде. Я попрошу о нем про себя, чтобы лукавый не услышал меня и не обманул меня поддельным чудом. Господи, покажи мне белого голубя, чтобы, увидев его, я поняла, что это Ты. Я знаю, что Ты всегда со мной. А в эти дни это более явно, чем когда бы то ни было. Но если бы увидеть что-то осязаемое, чтобы потянуться к нему и почти коснуться его….О, Отче, это было бы просто замечательно, это было бы так дорого для меня». Эту молитву, для надежности, я произнесла дважды.

Я снова залезла в постель, но уже не смогла читать. Я чувствовала, что Спаситель, о Котором я только что читала, был так близок ко мне. Я просто лежала, заново переживая удивительные мгновения, которые изменили мою жизнь. Бог предстал передо мной в доселе еще не виданном величии.

Даст ли Он мне такое необычное чудо, о котором я только что попросила Его? Или просить о подобном было слишком самонадеянно с моей стороны?

Глава одиннадцатая

Чудо

Каждый день я невольно посматривала то туда, то сюда в надежде увидеть белого голубя. «Даже если я и не увижу ничего – это не страшно», - думала я. Но в глубине души я очень хотела получить такое вот личное подтверждение моего опыта. Прошел еще один день, но голубя не было. Прошла неделя, затем вторая…

К концу второй недели я слушала Субботнюю школу, которую проводил Даг Бачелор. На эту субботу, наряду с проповедью, было запланировано служение, посвященное окончанию учебного года; но поскольку я не знала никого из выпускников, я решила пойти домой и провести время с моим Небесным Отцом в изучении Библии и молитве. Я села в машину и поехала на восток, по 50-ой дороге. Когда я уже подъезжала к выезду на автостраду, что-то привлекло мое внимание. Посмотрев направо, я увидела прекраснейшего, сияющего белого голубя, летящего прямо ко мне. Он как будто специально дожидался меня там. У меня просто перехватило дух.

Сначала я подумала: «Нет!» Потом: «Да! Нет! Да!» Мне и верилось, и не верилось. Наконец, я поняла: «Да!» Это был тот голубь, о котором я молилась. Я смотрела на него широко открытыми от удивления глазами. Мне хотелось отпустить руль и уже обеими руками еще шире открыть глаза, чтобы рассмотреть его получше. Вдруг время и пространство перешли в другое измерение.

То, что случилось потом, заняло, может, несколько минут, а может, лишь долю секунды. Все стало происходить, как в замедленной съемке, а мои глаза приобрели свойство приближающих линз. Голубь был так близко, что, казалось, если бы не стекло, я бы коснулась его рукой. Он подлетел совсем близко, и я видела, как, словно в замедленной съемке, величественно движутся вверх и вниз его прекрасные крылья. Он долетел до средины машины и, когда его крылья поднялись вверх, мои глаза приблизили картинку, и я четко увидела мельчайшие детали каждого перышка. Я видела, как прекрасно были уложены одно над другим и скреплены друг с другом голубиные перья. Я чувствовала себя так, будто находилась прямо под крыльями голубя. Это было удивительное зрелище!

Мне вспомнились слова Псалма 90:4: «Перьями Своими осенит тебя, и под крыльями Его будешь безопасен». Открывшееся передо мной, а лучше сказать надо мной, зрелище наполнило меня благоговением. Удивительное мгновение. Затем нежно и величественно крылья опустились. И когда голубь был прямо передо мной, в сознании я услышала голос: «Ты видишь Меня?»

«Да, Господи! Вижу!»

Голубь мгновенно исчез, и всё вдруг стало как обычно. Я осознала, что еду по дороге, но не могла сказать, проехала ли я хоть какое-то расстояние. Я сразу же вспомнила историю из Библии о том, как Филипп крестил эфиоплянина в реке Иордан, и, как, на глазах у даже еще не успевшего выйти из воды новообращенного, Филипп исчез.

Я ехала дальше, вытирая слезы радости и говоря моему

Спасителю: «Господи! Ты сказал: «Моя рука основала землю, и Моя десница распростерла небеса» (Ис. 48: 13). Но Ты все равно выслушал молитву Своего малого дитя!»

Моя колесница («Камри») двигалась дальше по шоссе, и я радовалась всю дорогу домой. Какой незабываемый случай!

Глава двенадцатая

Кино

Всю жизнь я знала, что Бог есть, но в детстве Он казался мне большим, чем сама жизнь, и очень, очень далеким, живущим где-то высоко в Небе. У меня было общее представление о том, как Он выглядит из увиденных мною картин, где, в большинстве случаев, Он висел на кресте. Когда я видела Его распятие, мне становилось грустно. Я не понимала, почему так случилось или что это означало. Я знала только, что должна была исповедовать грехи, если делала что-то не так.

Когда мне было лет 17, мой парень повел меня в кино. Дело было в Сан-Франциско. Я жила тогда в Бэй Эриа, и поездка в метрополис, чтобы посмотреть фильм, казалась мне замечательной идеей. Впервые мне суждено было посмотреть кинокартину на широком экране, - который назывался «синемаскоп», - новейшем изобретении киноиндустрии в то время.

Фильм назывался «Величайшая из всех историй». Как вы догадались, он был о жизни Христа. Огромный экран только усиливал зрелищность действия, которое сопровождалось красивой музыкой и восхитительными декорациями.

Впервые в жизни я увидела настоящего Бога, пришедшего в человеческом обличье и распятого на кресте. Я увидела крещение Иисуса и услышала Божий голос, говорящий: «Это Сын Мой возлюбленный, в Котором Мое благоволение». Я увидела, как Иисус призывает двенадцать учеников; как они любят Его, как ловят буквально каждое Его слово. Я увидела, с каким состраданием Он исцеляет больных и воскрешает мертвых – о чем я еще ни разу в жизни не задумывалась. Я поражалась, глядя на то, как умножил Он хлеб и рыбу, чтобы накормить тысячи людей. Я восхищалась, когда Иисус въезжал в Иерусалим на осле, а весь народ кричал: «Осанна!», когда Он ходил по воде и усмирял бурю. Потом я видела, как Иисус преломляет с учениками хлеб во время последнего ужина на земле (это помогло мне понять то, что я видела на картине «Тайная вечеря», висевшей все эти годы у нас в кухне). Затем я увидела, как один из Его учеников: тот, которого Он не призывал Сам, а который сам пристал к ним – предал Его за 30 серебренников. Я была потрясена и напугана криками толпы: «Распни Его! Распни!» Я не понимала, как, в ненависти своей, они могли пасть так отвратительно низко.

Потрясенная, я смотрела, как люди били и бичевали Его, как надели Ему на голову терновый венец, как обращались с Ним с потрясающей жестокостью. Мне стало дурно. И в то же время я была поражена до глубины души тем, с каким спокойствием Он переносил все это, не говоря им ни слова; как возложили на Него крест; как Он шел, шатаясь под его тяжестью, и падал. Мне казалось, что больше я это не выдержу. И когда Его пригвоздили к кресту, мое сердце, казалось, разбилось на тысячи осколков.

Я начала потихоньку всхлипывать. Потрясение и боль казались большими, чем я могла перенести. А потом Он стал молиться за Своих гонителей: «Отче! Прости им, ибо не знают, что делают» (Луки 23: 34). Я не понимала, как Он мог сказать подобное, после того, как с Ним они поступили так жестоко. Эти зверства, обрушившиеся на голову невинного Сына Божия, были для меня невыносимы. Я опустила голову и поняла, что дальше смотреть не смогу. Наконец, я все же взглянула на экран и увидела Иисуса, возносящегося на небо.

Когда мы вышли из кинотеатра, я не могла сказать ни слова: я будто онемела. Мне казалось, я разрыдаюсь, если попытаюсь сказать что-нибудь. Мы оба молчали. Мы сели в машину и поехали домой. Когда мы были на мосту Бэй Бридж, я, пытаясь сдержать слезы, стала только лишь повторять: «Я не знала, не знала, не знала». Мой бедный парень просто молчал. Быть может, и ему тоже впервые открылась настоящая картина добра и зла, и того долга, который был заплачен за наши грешные души. А может он просто не знал, что делать со своей эмоционально опустошенной подружкой.

Вот так впервые я познакомилась с моим Господом Иисусом Христом, Который сегодня является всей моей жизнью.

Вот что говорит об Иисусе пророк Исайя:

«Он был презрен и умален пред людьми, муж скорбей и изведавший болезни, и мы отвращали от Него лице свое; Он был презираем, и мы ни во что ставили Его.... Но Он изъязвлен был за грехи наши и мучим за беззакония наши; наказание мира нашего [было] на Нем, и ранами Его мы исцелились... Он истязаем был, но страдал добровольно и не открывал уст Своих; как овца, веден был Он на заклание, и как агнец пред стригущим его безгласен, так Он не отверзал уст Своих» (Ис. 53:3,5,7).

Какая удивительная любовь! Какая удивительная жертва за грешное человечество: за вас и за меня! Это превышает человеческое понимание.

У меня есть любимый псалом, который называется «Когда смотрю я на дивный крест». Каждый куплет в нем прекрасен, но одна строчка по особому затрагивает мою душу:

«Взгляни, как с главы Его, рук Его, ног

Стекают, смешавшись, печаль и любовь;

Встречались ли когда-то такая любовь и печаль,

И слагался ли из терна когда-то такой прекрасный венок?!»

И в последней части последнего куплета говорится:

«Эта Божественная, эта удивительная любовь

Требует мою душу, мою жизнь и все, чем я есть».

Библия говорит о силе этой любви так: «Ибо так возлюбил Бог мир, что отдал Сына Своего Единородного, дабы всякий верующий в Него, не погиб, но имел жизнь вечную» (Иоан. 3:16).

Да, друзья, величайшая, из когда-либо рассказанных историй – это история о Христе.

Глава тринадцатая

Небесная музыка

Было ясно, что у нас с Бобом всё шло к расставанию или разводу. Нашей дочери было всего три года, и мысль о разводе убивала меня: ребенок, растущий без отца, будет эмоционально страдать (а это я хорошо знала по собственному опыту). Боб по-прежнему жил с нами, но нам двоим уже было трудно уживаться под одной крышей.

Однажды вечером, когда мы лежали на разных краях нашей большой кровати, мои мысли будоражил вопрос о том, что будет с нашей семьей. В комнате было тихо и темно. Вдалеке я услышала слабый шум, но не могла понять, что его издает. Я подумала: «Что это? Может это соседи слушают музыку? Хм. Похоже на музыку, но вроде и не музыка… Пение? Нет. Может инструментальная музыка?» Звук был очень слабый, трудноразличимый.

Я хотела разобраться и поэтому позвала: «Боб!» Тишина. Я спросила чуть громче: «Боб, ты спишь?»

«Что?» - испуганно спросил он.

«Ты слышишь музыку?»

«Нет, я ничего не слышу».

Ненадолго всё исчезло. Но вскоре я услышала ее

снова. Я до сих пор не пойму, что это было: пение или инструментальная музыка, но это было прекрасно. Ни разу еще мне не приходилось слышать ничего более чудесного. Я опять спросила Боба: «А сейчас слышишь?»

«Что? Нет! Я ничего не слышу».

«Почему же он не слышит? – подумала я. – Ведь он ближе к окну, чем я». Мне казалось, что звук должен был идти откуда-то из окна.

И снова всё затихло. Но через время прекрасная мелодия зазвучала вновь. Я решила просто послушать ее молча. Я чувствовала такой мир и покой, что готова была улететь куда-то на облаке и исчезнуть в никуда. Звук был поистине божественным. И тогда меня осенило: «Так это может быть ангелы?! Неужели я умираю?! Так вот что это такое! Так прекрасно звучать могут только ангелы». Сердце учащенно забилось «Господи, неужели это конец?»

«Отче!— взмолилась я. - Не дай мне, пожалуйста, умереть. Моей дочке всего лишь три года, и я знаю, что никто не будет любить ее так, как я. Я ее мать. Господи, пожалуйста!»

Я искренно молилась, опасаясь, что так и не закончу воспитание своей дочери. Вдруг я заметила, что снова воцарилась тишина. Наконец, я уснула.

С тех пор прошло много лет. И сегодня, оглядываясь назад, я думаю, что Господь был со мной в тот тяжелый период. Ему известна боль нашего сердца, крик нашей души и все наши страхи. Я верю, что Он дал мне немного почувствовать этот небесный мир среди житейских бурь и испытаний тяжелого развода, который мне предстояло тогда пережить.

«Но Тот, Кто смиряет бушующие волны Галилейского

моря, говорит слово мира каждой душе. И каким бы яростным ни был шторм, всякий, обращающийся к Иисусу с мольбой: «Господи, спаси нас!» — будет спасен. Благодать Христа, примиряющая душу с Богом, усмиряет восставшие в человеческой душе страсти, и в Его любви сердце обретает покой. «Он превращает бурю в тишину, и волны умолкают. И веселятся, что они утихли, и Он приводит их к желаемой пристани» (Эллен Уайт, Ревью энд Геральд, 15 окт., 1908г.).

Глава четырнадцатая
Чтение Библии

Дело шло к разводу, и Боб перебрался в комнату для гостей. Для меня это было трудное время, потому что я должна была теперь обеспечивать трехлетнего ребенка и думать о том, как приготовить дом к продаже, чтобы разделить имущество и начать новую, раздельную жизнь.

Как я уже говорила, мне и так было очень плохо, а теперь я еще и перестала есть. Земля уходила у меня из-под ног. Все было, как в тумане. Все цвета исчезли: остались лишь оттенки серого, черного и белого. Работа давалась с трудом: слишком много усилий требовалось, чтобы на чем-то сосредоточиться. Поэтому я начала заниматься бегом. Я бегала каждый день, чтобы вернуться к жизни. Присмотреть за ребенком приходила сиделка, пока я набегала по три мили ежедневно.

И тогда я вспомнила, что год назад, на Рождество, свекровь подарила мне Библию. Я встала у кровати на колени. Всё это было мне так непривычно теперь, потому что я потеряла всё то, что открыла для себя, посмотрев фильм «Величайшая из всех историй» много лет назад. Жизнь навалилась на меня тогда со своими проблемами, и другие вещи заняли в ней главенствующее положение, вместо Господа. И вот теперь я отчаянно нуждалась в настоящем утешении. Ничто и никто не мог помочь мне.

Этот мир утратил для меня свою привлекательность. Я была опустошена и разбита.

Итак, я положила Библию на кровать, встала рядом с ней на колени и сказала: «Господи, если Ты действительно существуешь, дай мне ощутить Твое присутствие». Вот насколько далеко я отошла от Господа: мне казалось, что нужно употребить слово «если».

«Я не уверена, что смогу прочесть все слова или выговорить все имена, но мне нужно почувствовать Твое присутствие»,- продолжала я. Я никогда раньше не читала Библию. И вот теперь мне предстояло это сделать впервые. Я залезла в постель и стала читать. Я читала с 21:00 до 3:00. Я не могу объяснить этого, но отложить Библию я просто не могла. Наконец, я уснула.

На следующее утро я встала в 6:30, отвезла дочку в садик, а сама поехала на работу. Каждый день все повторялось заново. Когда я приезжала домой, приходила сиделка, смотрела за дочкой, а я бежала свои три мили; после этого мы проводили время вместе с дочерью и готовились к следующему дню. Вечером я пела ей перед сном, выключала свет, а дверь оставляла открытой.

Становясь каждый вечер на колени и положив на кровать Библию, я просила об одном: «Господи, если Ты действительно существуешь, дай мне ощутить Твое присутствие». И каждый день я читала с 9 вечера до 3 ночи. Так продолжалось полгода.

Через полгода я дошла до Книги Откровение. Я изменилась, превратившись из безутешной женщины в женщину, которая готова была буквально разорваться от переполнявшей ее любви. Я постараюсь объяснить это.

Представьте себе комнату, погруженную в кромешную

тьму. Затем вы видите яркий луч света посреди комнаты (ярче солнца и толщиной с пучок волос). Вы смотрите, как он увеличивается до тех пор, пока его яркость становится невыносимой, и кажется, что его свет уничтожит вас.

А теперь вместо света подставьте любовь. Вот сколько любви обрушилось на меня. Мне казалось: еще чуть-чуть света, еще чуть-чуть любви, и я лопну, как воздушный шар. И вот, я помолилась так, как лучше бы я не молилась. Я попросила Его любить меня не так сильно, потому что я не могла вместить в себя больше любви. В моей душе больше не было места, она была полна, она переливалась через край.

«Почему ты плачешь? – спросила меня мать. – Из-за развода?»

«Нет, мама, это из-за того, что Иисус любит меня». Эти слова озадачили ее. Затем она сказала: «Расскажи мне, как это?»

«Это не так, как мы любим детей, мама, - сказала я,- и не так, как мужья любят жен. И это даже не страсть. Это не на физическом уровне».

«Да-а-а?» – протянула она.

«Да, мама, это на тысячи миль выше небес. Это сложно объяснить. Это не похоже ни на что из того, что я знала прежде. Нет такого языка, на котором это можно было бы описать словами. Это больше и лучше, чем земная любовь. Я почти не могу постичь ее».

Друзья, нам придется подождать, пока Иисус придет во всей Своей славе; подождать того момента, когда мы сменим смертное на бессмертие, чтобы хоть немного понять ту любовь, что нисходит с неба.

«Но, как написано: не видел того глаз, не слышало ухо,

и не приходило то на сердце человеку, что приготовил Бог любящим Его» (1 Кор. 2:9).

Глава пятнадцатая

Ресторан

Когда мы с Бобом стали подумывать о разводе, он перебрался в комнату для гостей. Я читала Библию по шесть часов в день, по-прежнему надеясь на то, что у нас еще не все потеряно. Я позвонила ему на работу и сказала: «Давай сегодня после работы пообедаем в ресторане. Мне нужно с тобой поговорить». Я уже договорилась с сиделкой, поэтому он согласился поужинать вместе.

Мы пошли в ресторан в Данвилле, недалеко от дома. Внутри было темно: на каждом столе стояли лишь свечи. Все было занято, поэтому нам пришлось подождать, пока нас пригласят. Я была уверена, что смогу объяснить, как нам избежать развода. Пока мы ожидали своей очереди в этом полумраке, я стала рассматривать ужинавших людей. Я не знаю, что на меня нашло, но я исполнилась невероятной любовью к каждому из них. Я не знала этих людей. Лица некоторых были обращены ко мне, других же я видела только со спины или с боку. Знала я только одно: я была полна любви к людям, которых даже не знала.

Нас пригласили, и мы заняли свои места. Мы стали беседовать, но ничего из того, что я говорила, не возымело действия. Похоже, это были мои последние отчаянные усилия спасти то, что мы должны были потерять. Наконец, я смогла принять эти обстоятельства.

С тех пор подобные чувства посещали меня еще: огромнейшая радость и всепоглощающая любовь к людям, с которыми я случайно оказалась рядом в тот момент. Как бы мне хотелось, чтобы эти чувства я испытывала всегда. Я уверена, что небо все равно будет намного прекраснее того, что я пережила в ресторане. Там мы все будем любить друг друга любовью, которую мы еще не испытывали и которую даже не можем себе представить. Земная любовь преходяща, а небесная – вечна. И я с нетерпением жду того дня, в который все это станет реальностью.

«Вот, Я Господь, Бог всякой плоти; есть ли что невозможное для Меня?» (Иер.32: 27). Да, друзья, для Него нет ничего слишком сложного. И, если мы позволим Ему, Он преобразует и изменит наши сердца. Богу действительно возможно всё.

Глава шестнадцатая

Сон в Данвилле

С тех пор как я стала читать Библию по шесть часов в день, со мной стали происходить необычные происшествия и сниться сны (и то, и другое было хорошим). Однажды мне приснился сон и, оглядываясь назад, я думаю, что приснился он мне благодаря одной главе в Библии, которую я перед этим прочла. Я расскажу вам этот сон.

Мне снилось, что я еду по дороге, недалеко от того места, где жила. Дело было около полуночи, поэтому дорога была почти пустой. Впереди я увидела аварию. Я подъехала первая с северной стороны. Четыре машины столкнулись на перекрестке, въехав на него с четырех сторон на большой скорости. Зрелище было не для слабонервных! От удара перед этих машин задрался вверх, так что лишь задние их колеса касались земли; к тому же все они были охвачены пламенем. Представьте себе, как в цирке слоны встают на задние ноги и, образуя круг, упираются друг в друга передними ногами. Вот так это всё и выглядело, за исключением огня, охватившего машины.

Вокруг собралась полиция и зеваки, и я подумала: «Откуда, интересно, они все взялись здесь ночью?» Сидя в машине, я молилась о том, чтобы в этой страшной катастрофе были выжившие. Я посмотрела в зеркало заднего вида — сколько там машин собралось за мной — и была поражена тем, что увидела.

У меня на заднем сиденье сидел Иисус!

В зеркале я видела Его глаза, смотрящие на меня. Они, кажется, говорили мне, чтобы я ехала прямо в огонь. Мои глаза словно приклеились к зеркалу заднего вида, и я спросила про себя: «Ты хочешь, чтобы я ехала прямо в огонь?» Он кивнул. Я так и сделала и вскоре оказалась в сердце зарева полыхавших машин. Но я видела, что Иисус по-прежнему был со мной: Он все так же сидел у меня на заднем сиденье. Страха не было – был только мир, ведь Иисус был со мной.

Может сон этот приснился мне, потому что как раз перед этим я прочла в Книге Даниила рассказ о трех евреях, которых бросили в огонь. На сто процентов я, конечно, не уверена, но скорее всего это было именно так.

Размышляя над этим сном, я поняла, что если мне придется пережить гонения за веру, я должна молиться: «Боже, помоги мне увидеть, что Иисус стоит рядом со мной, как Он стоял рядом с тремя евреями». А если я не увижу Его, мне надо молиться о том, чтобы перенести все то, что Бог допустит в моей жизни.

«Будешь ли переходить через воды, Я с тобою, - через реки ли, они не потопят тебя; пойдешь ли через огонь, не обожжешься, и пламя не опалит тебя» (Ис. 43:2).

Какой сильный текст! Какое напоминание о том, что, как бы тяжело ни сложилась жизнь, Иисус рядом!

Глава семнадцатая

Падение с крыши

Мой развод с Бобом был большим ударом для нас с дочерью, но на ней он сказался особо, ведь ей в то время было всего три года. Узнав, что папа спит в гостиной, она стала приставать с вопросами. Я объясняла ей, что у нас с ним не получается жить вместе. Она сказала мне: «Мама, тебе нужно научиться кооперироваться!» Она сказала это с такой решимостью, что я даже не знала, что ответить и сильно расстроилась.

И вот однажды, когда Боб пришел с работы домой и мы разговаривали в кухне, дочка подошла к нему сзади и, подтолкнув ко мне, сказала: «Папа, поцелуй маму. Почему ты ее больше не целуешь?» Мне было очень больно видеть, как это нежное сердце уже ощущало пустоту нашего дома.

Когда Бог уехал, я продала дом и купила новый в другом городе. Именно там я и познакомилась с Вильямом, который был разведен, но не имел детей. Мы подружились. Наша дружба продолжалась четыре года, после чего мы поженились. Как здорово было снова обрести в доме отца.

Мы с моим мужем Вильямом однажды решили поставить новую крышу на нашем доме. Вильям попросил специалистов убрать старую черепицу и доставить все необходимые материалы наверх. Остальную работу он хотел сделать сам. Рабочие потрудились на славу: сняли весь старый материал, подняли наверх новый и все подготовили для нашей работы. Мы готовы были начинать, но в ночь перед этим прошел дождь. Нам казалось, что мы продумали всё (ведь стояла середина июля) но дождь прошел всё равно - притом прямо на голые деревянные балки.

Рано утром Вильям поехал искать хозяйственный магазин, который был бы уже открыт. Вскоре он вернулся с большим рулоном тепличной пленки и стал укрывать ею крышу. Еще какое-то время шел дождь, но потом он почти перестал.

«Залезай сюда. Поможешь мне покрыть остальное»,- позвал он меня на крышу.

Я взобралась по лестнице с задней части дома и стала пробираться вперед, к дымоходной трубе, где был он. Пленка была мокрая, поэтому я двигалась вперед очень осторожно. Тем не менее, я поскользнулась, и меня понесло к краю крыши. Падая, я успела выставить вперед руки и ухватиться за водосточный желоб, остановившись на самом краю крыши.

Ошеломленная, я лежала так еще минуту, другую, с облегчением переводя дух и пытаясь восстановить дыхание. Потом я осторожно поднялась и потихоньку вернулась к задней части дома, чтобы спуститься по лестнице.

«Иди же сюда. Помоги мне», - позвал Вильям. Но я отказалась. Мне хотелось лишь одного: слезть с этой крыши!

Я пробиралась к лестнице, а он всё звал и звал меня вернуться к нему и помочь. Я остановилась и решила-таки послушать его. Я хотела пойти другой дорогой, но он настоял, чтобы я пошла старым путем. Я уже была совсем рядом с Вильямом, когда опять поскользнулась и полетела по крыше головой вниз, с вытянутыми вперед руками. Только на этот раз мне не удалось ухватиться за желоб, и, минуя край крыши, я полетела головой вниз прямо на землю. Но в полете произошло нечто необычное. Я почувствовала, как мое тело повернулось, приняв полусидящее положение, и стало двигаться взад и вперед. Представьте себе лист, падающий с дерева и качаемый туда и назад ветром. Вот так чувствовала себя и я, потихоньку опускаясь на землю.

Приземлившись, я поразилась тому, что упала на единственное место во дворе, где у нас была земля: как раз между бетонной дорожкой и только что подрезанным розовым кустом. Падение, конечно, сбило мне дыхание, и я сидела какое-то время, отчаянно заглатывая воздух широко открытым ртом. Я понимала, что ангел остановил мое падение и направил его именно туда, где мне ничего не навредит.

А ведь всё могло закончиться не просто сбитым дыханием, а чем-то намного худшим. Я также немного повредила спину, но со временем мануальный терапевт поставил всё на место. Муж настаивал, чтобы я вернулась на крышу, но я решила передохнуть и приготовить завтрак. Через какое-то время вышло солнце, и мы стали снимать пленку с крыши, чтобы положить толь, а уже потом черепицу. Мы закончили всю работу за две с половиной недели, вставив к тому же в крышу еще два световых люка.

Как часто, оказавшись в страшных и опасных ситуациях, мы позже обнаруживаем, что по милости Своей Бог послал нам избавление. Конечно, не всегда нам удается отделаться лишь легким испугом, как это було со мной. Иногда в случившемся виноваты мы сами, иногда нет.

Приходят на ум замечательные обетования из Библии:

«Ангел Господень ополчается вокруг боящихся Его и избавляет их» (Пс. 33:8).

«Ибо Ангелам Своим заповедает о тебе - охранять тебя на всех путях твоих: на руках понесут тебя, да не преткнешься о камень ногою твоею» (Пс. 90:11,12).

«Помощь наша - в имени Господа, сотворившего небо и землю» (Пс. 123:8).

Аминь!

Глава восемнадцатая

Поездка в Рио

Прошло тринадцать лет с момента нашего развода с Бобом, и теперь мы оба уже состояли в повторном браке. Дочери было уже 16, и она посещала христианскую школу-интернат в Рио-Линдо, потому что христианская школа в нашем городе имела только десять классов. Я навсегда запомнила разговор, происшедший между нами по дороге в школу. В то утро мы остановились перекусить, а затем продолжили поездку. Вдруг дочь сказала: «Мама, я знаю, что развод с папой дался нам нелегко, но если мы должны были через это всё пройти, чтобы обрести церковь, найти христианских друзей и преподавателей, то я не жалею об этом».

Я ехала дальше, слушая эти замечательные слова моей еще совсем юной дочери, а по моим щекам текли слезы. Это были слова мудрой не по годам девушки. Иногда такую мудрость Бог дает молодым. Я согласилась с ней на все сто. Она смогла выразить всё одним лишь предложением.

Итак, каждый раз, когда мы оказываемся в жизненной ситуации, которая кажется попросту невыносимой, и когда нам хочется спросить себя: «Почему я? Почему сейчас?», - вспомните о том, что мы не знаем того, что для нас приготовил Бог. Оглядываясь назад, я понимаю, что могло бы произойти, если бы мы остались в городе, в котором я была замужем за ее отцом, и если бы моя дочь продолжила там своё образование. Вполне возможно, что она выросла бы в совершенно другой атмосфере и с другим взглядом на жизнь. Это был богатый район, и я слышала, что многие из выросших там детей устраивали разнузданные гулянки и делали всякие ненормальные вещи. Я благодарна Богу за то, что мы переехали и нашли церковь с замечательными братьями и сестрами по вере. Я уже не сомневаюсь в Боге, а доверяю Его провидению.

Когда мне было 38 лет, я приняла решение полностью посвятить себя Иисусу. Это было через два года после нашей с Вильямом свадьбы. Я пришла на последние семь лекций по Книге Откровение и поняла, что все это время Иисус влек меня к Себе. Было время, когда я была очень близка к тому, чтобы полностью посвятить Ему свою жизнь, но каждый раз кто-то или что-то вставало у меня на пути.

Мне казалось даже, что теперь Он не примет меня, что уже слишком поздно; но мой пастор заверил меня в том, что Иисус по-прежнему ожидает меня с распростертыми объятиями, что я сама должна решать, что делать. Он также объяснил мне, что я не совершила непростительный грех. В этой церкви я узнала многие истины, касающиеся практической христианской жизни.

Я крестилась против воли своего мужа. Он угрожал мне, приказывал даже не думать о крещении, но я теперь слышала другой голос. Для меня было честью знать, что, несмотря на все мои грехи, Иисус по-прежнему любит и принимает меня.

Я узнала, что «креститься» - означает похоронить все грехи и омыться от них в водной могиле.

Жившая по-соседству адвентистка седьмого дня

пригласила нас с дочерью в свою церковь, где мы вскоре и приняли крещение. Слава Богу! Но теперь мы оказались с Вильямом в одном ярме, но в разной вере, и это привело нас к разделению. Сначала ему показалось, что я его обманула и люблю теперь Иисуса больше, чем его. И это все потому, что мне уже не нравилось то, что раньше мы делали вместе, как например, ходили в джаз клубы. Теперь мне нравилось спокойно почитать Библию и труды Эллен Уайт. И хотя мы по-прежнему ходили всей семьей и в зоопарк, и в музеи, и делали еще многое другое, но это уже было не то. В наших взаимоотношениях чувствовалась какая-то неутихающая борьба. Мы обращались к консультантам, но это не помогло.

В его отношении ко мне я заметила перемену. Его резкие, обидные слова иногда доводили меня до слез. При этом он говорил: «Давай, реви, сколько хочешь. Я не стану тебя жалеть!» Если мы выходили куда-то вместе, то он шел на три метра впереди с постоянно недовольным видом.

Однажды мне надоели его оскорбления. Поссорившись из-за ничего, я бросилась в спальню и, рыдая, взмолилась: «Господи, что мне делать?» Я не хотела, чтобы моя дочь пережила еще один развод, чтобы страдала, глядя, как уходит еще один отец. Так, сидя на кровати, в муках качаясь взад и вперед, моля Господа о мудрости, я вдруг услышала в сознании громкий голос, сказавший: «Люби… его… сильнее». Эти слова прозвучали медленно, громко и твердо. Я перестала плакать. Я замолчала, потому что никогда прежде не слышала этого Голоса. Вскоре я робко промолвила: «Это Ты, Господи?» Молчание… Я подумала, что это должно быть Бог, поскольку лукавый всегда говорит о ненависти и отмщении, а Бог – о любви и прощении. Уверяя себя в том, что это должно быть мой Спаситель, я набралась смелости, чтобы сказать: «Тогда Ты должен вложить эту любовь в мое сердце, потому что я не испытываю к этому человеку ничего, кроме ненависти».

Тогда я снова услышала Его: «Но ты ведь знаешь мою любовь, а Вильям – нет». Меня поразило то, что наш Отец знает нашу жизнь во всех ее подробностях. Вдруг я почувствовала, как меня охватил удивительный покой. Тогда-то впервые я ощутила мир, который дает Святой Дух и услышала голос моего Господа.

Глубоко вздохнув, я вытерла слезы и поблагодарила небесного Отца за отвеченную молитву, за дарованные мне мир и любовь, с которыми я теперь смогу преодолеть кризис. Какое облегчение! Тяжесть полностью свалилась с моей души. Я вернулась в кухню, где по-прежнему стоял Вильям и сказала: «Десять минут тому назад я хотела выгнать тебя из дому, пока ты не научишься хоть сколько-нибудь уважать меня. Я знаю, что ты не веришь в Бога, но когда я плакала и спрашивала Его, что мне теперь делать, Он сказал, чтобы я тебя сильнее любила».

«О-о-о-о, -- со страшным завыванием произнес Вильям, -- теперь ты уже слышишь голоса. Да ты сумасшедшая!»

«Нет, не сумасшедшая, -- ответила я спокойно. – Теперь я буду лучшей женой, любящей и спокойной». Он сразу же вышел.

Я думаю, что Бог сказал мне больше любить Вильяма потому, что хотел дать ему возможность познать Себя. Благодаря Божьей любви и Его Святому Духу я пыталась как можно лучше показать Вильяму Христову любовь, терпение и прощение. Святой Дух укрепил и успокоил меня. Когда человек сотрудничает с Богом, случается удивительное.

На какое-то время забрежжила надежда. Вскоре Вильям

стал осознавать, что Бог, возможно, существует. Он даже купил себе маленькую книжечку с четырьмя евангелиями. Он начал задавать вопросы типа: почему Иисус просил учеников не рассказывать о Его чудесах и др. Сердце его понемногу смягчилось, небесный свет стал проникать в его разум.

Однажды Вильям даже пришел со мной на евангельскую программу, которая проходила в нашей церкви. Ему было сложно принять то, что там говорилось из-за приверженности своим эволюционным идеям. Какое-то время казалось, что он готов принять истину, но, к сожалению, его интерес был не долгим. Мирская жизнь продолжала манить его.

И сегодня я новое творение в Иисусе Христе. В некотором смысле я обручена с Иисусом. Я размышляла о Его благости, явленной в том, что Он умер за меня, когда я была еще грешницей. Нет большей любви, чем отдать свою жизнь за другого. Иисус отдал Свою жизнь за меня, поэтому как я могу не подумать о том, чтобы отдать свою жизнь Ему? Мне казалось, что я готова умереть за моего Спасителя.

Я с удовольствием обнаружила, что седьмой день недели, суббота приносит мне много радости и помогает установить особенные взаимоотношения. Иоанна 1:3 говорит, что Иисус является Создателем всего сотворенного, включая и субботу. Он благословил этот день, четко отделив его от других дней недели, чтобы мы могли проводить особое качественное время вместе с Ним и размышлять о Его благости. Суббота – особое время близости, данное всем Божьим детям, - время строить с Ним взаимоотношения и становиться более похожими на Него, достигая с Ним единства. Я уверена в Нем, потому что знаю: в любой ситуации я могу обращаться к Нему за помощью.

Его десять заповедей стали для меня очень понятными и реальными. Они защищают меня и дают мудрость для принятия верных решений. Божий закон – это Его личное послание, написанное на камне Его собственной рукой, послание любви от Сердца к сердцу для каждого, желающего принять его и повиноваться ему из любви.

Я с удивлением узнала, что здоровое питание, о котором рассказано на страницах Библии, поможет мне лучше слышать Божий голос и вести более здоровую жизнь, что послужит мне поддержкой в трудных жизненных ситуациях. И как все это действительно укрепило меня в трудностях, с которыми я столкнулась. Мне кажется, что я погибла бы, если бы у меня не было блаженной надежды на Спасителя. Я так благодарна Ему за всю Его помощь в своей жизни.

Испытания укрепили мою веру в Спасителя. Я благодарна Ему за каждое из них. Они стали для меня источником уверенности в том, что Он близок ко мне; они прогнали всякое сомнение в том, что Он может когда-либо покинуть Своих детей. Он оставил 99 овец, чтобы найти одну потерявшуюся. Я одна из тех потерявшихся, но найденных овец. Я уверена, что в мире есть много тех, кто, подобно блудному сыну, хотел бы обрести отца, который терпеливо ищет своего сына и ожидает его возвращения. Блудный сын обрел эту уверенность, вернувшись домой. И хотя он чувствовал себя совершенно недостойным, Отец не только с любовью принял его, но и весь дом отпраздновал его возвращение. Как замечательны эти истории! Они наглядно говорят нам о невыразимой Божьей любви и Его долготерпении к тем, за кого Он отдал жизнь и всего Себя. За нас Он пролился, как вода, уже будучи не в состоянии сделать что-то большее. И повторюсь: я осознала, что хотя недостойна сама, Он, Своей любовью и кровью, вменяет мне Свои достоинства.

Когда я работала в «Удивительных фактах», над моим столом висели слова: «Не беспокойся о завтрашнем дне – Бог уже там!» И это действительно справедливо.

«Притом знаем, что любящим Бога, призванным по *Его* изволению, все содействует ко благу» (Римлянам 8:28).

«Всякое несчастье и горе, каким бы тяжелым и горьким оно ни казалось, всегда послужит благословением тому, кто переносит его с верой. Тяжелый удар, в одну минуту превращающий в ничто все радости земные, может обратить наш взор к небесам. Многие люди так никогда и не познали бы Господа, если бы скорбь не побудила их искать у Него утешения» (Нагорная проповедь, с.10).

«Посылая испытание Своим детям. Бог преследует определенную цель. Он ведет их таким путем, какой бы они избрали сами, если бы могли с самого начала видеть, куда этот путь ведет, и тот величественный замысел, который они призваны исполнить» (Пророки и цари, с.578).

Так всё это случилось и со мной. Лишь достигая самого дна, мы осознаем, что нам больше некуда смотреть, как только вверх!

Глава девятнадцатая

Сон в моей квартире

После моего крещения еще восемнадцть лет мы с Вильямом пытались наладить наши отношения. Иногда мы чувствовали себя счастливо, но нам никак не удавалось нормально договориться друг с другом. Итак, после почти двадцати лет брака мы на время расстались, а примерно через год я подала на развод.

Господь долготерпит Своих детей, но никогда не навязывает Свою волю тем, кто не желает ее принимать. Я была очень расстроена и часто плакала. Я перестала ходить в церковь, не желая ставить себя в неловкое положение тем, что мне придется вставать и уходить посреди служения из-за вдруг нахлынувших слез. Однажды в ночь на субботу мне приснился яркий сон. Мне снилось, что я еще жила в Бэй Эриа. Меня пригласили на какую-то вечеринку недалеко от дома в одну из недавно заселенных квартир.

Там было много людей. Женщины были в вечерних платьях и держали в руках бокалы с вином. Они стояли небольшими группами, разговаривая и смеясь. Я чувствовала себя не в своей тарелке, потому что на мне было лишь простое платье. Осмотревшись, я поняла, что не знаю никого из присутствующих и почувствовала себя очень одиноко. Я вышла на балкон, выходивший на север. Стоял ранний вечер. Небо было просто восхитительно. Я не помню, чтобы когда-либо видела такое красивое небо. Подобно сверкающим бриллиантам на нем мерцали звезды. Все они были больше, чем обычно, но расстояние между ними, казалось, оставалось неизменным. Я потеряла ощущение реальности, в благоговении созерцая это удивительное зрелище и упиваясь красотой неба.

Я оглянулась на неожиданно раздавшийся взрыв смеха и увидела, что он исходил от группы из четырех человек – двух пар, беседовавших друг с другом, которых я видела раньше. Затем внезапно я услышала громкий, подобный грому удар, потрясший землю. Я снова посмотрела на небо и была поражена увиденным. Казалось, что-то проткнуло в нем огромную, широченную, зияющую дыру. В ее центре было нечто, похожее на жидкий огонь, переливавшийся всеми цветами радуги. Он находился в постоянном движении, подобно бушующему, разъяренному океану. Края этой дыры тоже как будто разверзлись и стали извергать жидкий огонь. Остальная часть неба вокруг этого отверстия оставалась прежней: спокойный, безмятежный небосвод великолепных темно-синих тонов с рассыпанным кружевом необычно больших звезд.

Мне стало страшно: вдруг это предупреждение, что скоро придет Иисус? Я подумала: «А готова ли я? Чисто ли мое сердце, или в нем есть пятна и пороки, как об этом говорится в Библии? Достойна ли я увидеть Иисуса и не погибнуть? Или мне придется бежать от славы Его пришествия к горам и просить их упасть на меня?» (Библия говорит, что те, кто окажется не готов к пришествию Христа, поступят именно так).

Я находилась в депрессии и не могла отделаться от чувства жалости к себе из-за нашего с Вильямом развода. А теперь я задумалась: «А готова ли я оказаться перед лицом вечности?» Для меня настало время возвращаться к жизни и стремиться к сближению с Тем Единственным, Кто мог меня спасти по-настоящему.

Я обернулась, чтобы посмотреть на реакцию остальных на то, что произошло в небе, и была поражена тем, что все были спокойны, будто бы ничего и не случилось. «Никто ничего не заметил? Неужели они не слышали громовых раскатов и не почувствовали, как сотрясалась земля? – подумала я. – Неужели всем все равно? Неужели никто даже не знает, что Иисус может придти, а мы не готовы?»

Когда я снова посмотрела на небо, дыра была по-прежнему открыта, но внутри все было спокойно. Звезды всё так же мерцали на небе вокруг этой огромной, зияющей дыры, по-прежнему сохранявшей свой прекрасный синий оттенок. Всё небо вокруг нее было так же спокойно и прекрасно, как раньше, края же продолжали пылать и бушевать огнем.

Я думаю, что этим сном Бог призывал меня пробудиться. Я отвела свой взгляд от Христа, утратила веру, перестала ходить в церковь и больше не проводила, как раньше, время за изучением Божьего Слова. По милости Своей Господь привлек к Себе мое внимание этим удивительным сном, который помог мне осознать важность момента. Библия говорит, что в последние дни мужчины (и женщины тоже) будут видеть сны (Иоиль 2:28).

Любой день может стать последним. Но мы не будем знать, какой именно. Каждый день – это еще одна возможность привести все в порядок. Я очень хочу, чтобы никто не оказался застигнутым врасплох Его пришествием. Оставшееся время мы должны проводить мудро, лично познавая Иисуса и укрепляясь Словом Божьим, чтобы нам устоять с миром в сердце перед грядущими испытаниями.

«И небо скрылось, свившись как свиток; и всякая гора и остров двинулись с мест своих. И цари земные, и вельможи, и богатые, и тысяченачальники, и сильные, и всякий раб, и всякий свободный скрылись в пещеры и в ущелья гор, и говорят горам и камням: падите на нас и сокройте нас от лица Сидящего на престоле и от гнева Агнца; ибо пришел великий день гнева Его, и кто может устоять?» (Откровение 6:14-17)

И снова мы читаем:

«Потому что Сам Господь при возвещении, при гласе Архангела и трубе Божией, сойдет с неба, и мертвые во Христе воскреснут прежде» (1 Фесс. 4:16).

«Ибо сами вы достоверно знаете, что день Господень так придет, как тать ночью. Ибо, когда будут говорить: «мир и безопасность», тогда внезапно постигнет их пагуба, подобно как мука родами [постигает] имеющую во чреве, и не избегнут.... Ибо все вы - сыны света и сыны дня: мы - не [сыны] ночи, ни тьмы» (1 Фесс. 5:2,3,6).

Эллен Уайт писала: «Каждый поступок будет положен на чаши весов при определении нашей окончательной победы или поражения. Награда же победителям будет дана пропорционально проявленным ими усилиям и рвению» (Деяния апостолов, сс. 313, 314).

Царь Соломон, мудрейший из когда-либо живших людей, написал: «Выслушаем сущность всего: бойся Бога и заповеди Его соблюдай, потому что в этом все для человека; ибо всякое дело Бог приведет на суд, и все тайное, хорошо ли оно, или худо» (Еккл. 12: 13,14).

Мне приятно осознавать, что пока в нас остается дыхание жизни, Господь будет трудиться для нашего настоящего и будущего блага. Иисус – это наша единственная надежда, благодаря которой мы можем освободиться от греха и вечного осуждения: «Сблизься же с Ним -- и будешь спокоен» (Иов.22:21). Аминь!

Глава двадцатая

На подъемнике

Несмотря на то, что мы с Вильямом уже несколько месяцев жили раздельно, я по-прежнему не подавала на развод. Была зима, и мне захотелось научиться кататься на горных лыжах. В детстве я немного занималась лыжами, но с тех пор прошло уже слишком много времени. Итак, я взяла несколько уроков и съездила на небольшие горнолыжные курорты. Теперь наступило время купить собственный инвентарь и кататься почаще.

В детстве Вильям научился кататься довольно хорошо и теперь мог легко спуститься с вершины KT-22 в Скво Вэлли. Я же только что перешла с начального уровня на средний. Я была очень довольна и с наслаждением совершенствовала свою технику спуска, представляя себя при этом чуть ли не балериной.

Расставшись, мы не испытывали друг к другу никакой ненависти; более того, мы стали ещё лучшими друзьями, чем тогда, когда жили вместе как муж и жена. Мы время от времени беседовали вместе, и я рассказывала ему о своем новом увлечении и любви к горным лыжам.

«Так почему же ты не сказала мне, что любишь кататься?» - спросил он.

«Привет!» Он, должно быть, забыл, как каждый год я предлагала ему поехать покататься, а он всё отказывался.

Ну, в общем, мы решили, что покатаемся денек вместе. Мы поехали на небольшой курорт неподалеку от дома и здорово там отдохнули. Потом договорились о еще одной встрече. Но на этот раз он предложил курорт побольше, такой как Скво Вэлли. «О-о, - подумала я. – Там довольно-таки страшновато». Но он заверил меня, что там тоже есть склоны попроще. Я согласилась попробовать, но на душе у меня всё же было неспокойно.

Когда мы приехали, он пошел сразу на КТ-22, а я нашла более пологий склон для среднего уровня. За обедом он предложил еще один спуск, который, как ему казалось, будет мне по силам. Мне снова стало не по себе, как в тех случаях, когда мы еще были женаты, и он считал, что мы должны сделать что-то, что, как оказывалось, было совсем не в моих интересах. И теперь после долгих уговоров я, наконец, сдалась и сказала: «Я попробую». Он убедил меня в том, что это совсем не трудно, и я вроде как поверила ему. Мы надели лыжи и поехали к подъемникам, чтобы взобраться наверх. Наконец, мы добрались до склона, с которого он хотел спуститься. Наш подъемник оказался рассчитанным на двоих. Вильям сел первым и крепко ухватился за ручку на моей стороне. Пытаясь же занять своё место, я лишь с трудом смогла втиснуться на свободный краешек сиденья. Поскольку его рука мешала мне сесть нормально, и я не могла ухватиться за поручень, то я буквально еле-еле висела на самом краю. С каждой минутой мы поднимались все выше и выше.

Я попросила его убрать руку с поручня, так чтобы я могла подвинуться вглубь сиденья; но, взглянув в его глаза, я увидела, что то были не его, карие глаза, а какие-то черные, смотревшие как бы сквозь меня. Я попыталась убрать его руку сама, но она была, как камень. Я все пыталась заговорить с ним, но он только смотрел на меня ледяным взглядом и, будто не слыша, не реагировал ни на что из того, что я говорила. Мы поднимались все выше и выше, и я чувствовала, что соскальзываю со своего краешка сиденья. Несколько раз я пыталась убрать его руку, но он лишь смотрел на меня совершенно отсутствующим взглядом.

Я отчаянно взмолилась к Господу, чтобы Он помог мне оторвать руку Вильяма, потому что я уже совсем срывалась с сиденья. По милости Своей, Он помог мне удержаться, когда я последним отчаянным усилием, ударив локтем, наконец-то сбила его руку. Я быстро ухватилась за шест и подвинулась на все сиденье. Я была напугана до смерти и теперь пыталась хоть как-то отдышаться.

«Что ты делаешь?» - спросила я его.

«Стараюсь понежнее обнять тебя», - услышала я, к своему ужасу, его мрачный голос.

«Кто ты?» - с мукой в голосе произнесла я. Но он лишь, молча, смотрел перед собой.

Когда мы добрались до вершины горы, он спрыгнул с подъемника и сам съехал вниз. Соскочив с сиденья, я поехала вперед и обнаружила, что нахожусь на спуске «Черный Алмаз» – именно так гласила надпись на щите. Вершина горы выглядела как макушка лысого черепа. Другой дороги, как только прямо вниз не было. «Ну, вот опять, - подумала я. – Я позволила ему уговорить себя и снова оказалась в опаснейшей ситуации». Меня не покидало чувство, что все это не закончится добром.

Я осмотрела гору и увидела менее крутой спуск, по которому могла бы съехать зигзагом. Спустившись так до половины горы, я услышала свист. Так обычно Вильям привлекал мое внимание. Теперь он показывал, чтобы я спускалась за ним. Я остановилась и отрицательно покачала головой. Но затем поняла, что это был для меня единственно возможный путь вниз. Сохраняя дистанцию, я спустилась за ним до следующего подъемника, который должен был доставить нас снова к отправной точке. Слава Богу, что сиденья на этом подъемнике были большие и вмещали по нескольку горнолыжников. Наконец, мы добрались до места, где ходили корзинки. Мне очень хотелось спуститься вниз на таком вагончике, чтобы хоть немного отдохнуть, но они не останавливались.

Было уже поздно. Дело шло к закрытию, и поэтому все старались побыстрей выйти на этот спуск, который вел прямо к главным строениям внизу. К тому времени я уже еле держалась на ногах. Я не могла физически спуститься по этому ледяному, скользкому спуску без того, чтобы во что-нибудь не врезаться. Все спускались очень быстро. Я пыталась не отставать от других, чтобы на меня не наехал кто-нибудь сверху. Но все равно, какой-то сноубордист, перепрыгивая через бугор, задел-таки и меня. Слава Богу, что я не упала. Мы спускались минут двадцать. Спуск был такой длинный, что, мне казалось, мы никогда не доберемся до конца.

Вдруг мы оказались у того места, где все перепрыгивали на другой склон, ведущий вниз. Но я двигалась слишком быстро, чтобы вовремя сориентироваться и пропустила его. Вильям, ехавший позади, крикнул: «Почему ты не поехала за остальными?» Я увидела, что на моем спуске заканчивается снег: то тут, то там виднелись островки земли, а дальше шла уже одна только земля. Тогда я решила просто сесть на лыжи. Со мной на этом спуске осталось совсем немного лыжников. Похоже, мы все прозевали нужный поворот.

В конце концов, мне удалось остановиться как раз там, где заканчивался снег. Не в силах пошевелиться, я просто сидела не земле. Несмотря на все мое физическое и умственное изнеможение, я всё-таки испытывала огромное облегчение. Ноги тряслись и подгибались. Вильям, немного злясь на меня, стоял сразу за мной.

Я медленно сняла лыжи и отдала их вместе с палками ему, сама намереваясь пройти оставшуюся часть пути пешком. Он запрыгнул на нужный спуск и покатил вниз. Немного придя в себя, я поняла, что срочно должна подавать на развод. Этот случай расставил, в принципе, все точки над «и».

Я снова благодарила Небесного Отца за то, что Он спас меня от очередной катастрофы: помог мне сбить руку Вильяма и не сорваться с подъемника навстречу верной гибели. У нас с Вильямом бывали и другие подобные случаи, о которых, по его словам, он не помнит. Я верила ему, потому что в те минуты ситуацию контролировал Кто-то другой. Слава Богу за то, что в определенные моменты Он ограждает нас Своими ангелами.

Благодарение Богу за обетования, которыми Он заверяет нас в том, что всегда пошлет нам помощь во время беды!

«Но [Господь] сказал мне: «довольно для тебя благодати Моей, ибо сила Моя совершается в немощи». И потому я гораздо охотнее буду хвалиться своими немощами, чтобы обитала во мне сила Христова» (2 Кор. 12:9)

«Ибо Ангелам Своим заповедает о тебе - охранять тебя на всех путях твоих: на руках понесут тебя, да не преткнешься о камень ногою твоею» (Пс.90: 11,12)

«Не бойся, ибо Я с тобою; не смущайся, ибо Я Бог твой; Я укреплю тебя, и помогу тебе, и поддержу тебя десницею правды Моей» (Ис.41:10)

Не Божья ли это десница удерживала тот подъемник?

«По милости Своей и верности Он часто позволяет тем, в ком мы уверены, обманывать наши надежды, чтобы мы осознали все безрассудство того, чтобы полагаться на человека и возлагать надежды на плоть. Давайте полностью, смиренно, бескорыстно доверять Богу» (Служители евангелия, с.476).

«Иисус знает всё – все наши горести и печали – и Он не даст вам пойти ко дну, ибо Его руки – под вами» (Эллен Уайт, Изданные рукописи, том 3, с. 372).

Глава двадцать первая

Три воина

После одной из моих ежегодных маммограмм меня вызвали в больницу, поскольку результаты были не совсем удовлетворительными. Мне посоветовали немедленно пройти пункционную биопсию. Я проходила ее уже три года назад, поэтому мне казалось, что я знаю, что от этого ожидать.

Я пораньше приехала в больницу и стала ждать. Милая, мягкая, спокойная медсестра пригласила меня пройти за ней к врачу. «Отлично, - подумала я. – Он собирается объяснить мне ход процедуры». Но вскоре я поняла, что меня ждут большие неприятности. Врач был злой, как разъяренная медведица, и стал орать и на меня, и на медсестру: «Что она здесь делает? Выведите ее отсюда!»

Я стояла в ужасе, не в состоянии произнести ни слова. Сестра попыталась успокоить его, но он ее не слушал.

«Посмотрите на этот снимок, - кричал он. – Что здесь не так? Выведите ее отсюда! Я просто даром теряю время!» Затем он выбежал из кабинета.

Я была просто потрясена происшедшим. Потом я встала и подошла к висевшему на освещенной панели снимку. Я хотела найти то, на что обратила мое внимание лаборант, увеличив изображение в два раза. Даже я поняла, что это было совсем не то, что я видела тогда. Я сказала об этом сестре, и она сразу же вышла из кабинета. Вскоре она вернулась, договорившись о проведении еще одной маммограммы. Похоже, что снимки просто перепутали.

Работа персонала представлялась мне здесь не в самом лучшем свете.

Пройдя еще одну маммограмму, я стала ожидать в зале дальнейшего развития событий. Я по-прежнему была в выданном мне халате, когда медсестра снова позвала меня и сказала, что надо срочно начинать биопсию. Она дала мне для обезболивания аспирин. К этому моменту я уже стала сильно нервничать и переживать.

Я обратила внимание, что процедурная была больших размеров, с высокими потолками и очень тусклым освещением. Единственный видный мне источник света находился под столом, стоящем в том углу, где я должна была лежать во время биопсии. Комната была очень большой и пустой.

Врач сидел за стоявшим у стола монитором. Нам он не сказал ни слова. Медсестра помогла мне лечь на стол. Лежа на животе, я повернула голову направо и вскоре услышала, как подо мной включился мотор, который стал поднимать мое ложе. Я слышала, как вместе с монитором прямо под меня подъехал на стуле врач. Медсестра время от времени справлялась о моем самочувствии. Ее мягкий, доброжелательный голос успокаивающе действовал на мое встревоженное сознание.

Когда все было готово к началу, врач сказал резким голосом: «Не шевелитесь, иначе эта штука разорвет вашу грудь в клочья».

От этих слов у меня отняло дыхание. «Мама, - подумала я. – Заберите меня отсюда! У меня под столом сумасшедший».

Я почувствовала острую боль, когда он ввел в мое тело зонд. Мне хотелось дернуться каждый раз, когда он удалял ткань. Но я изо всех сил старалась не шевелиться. На столе не было подголовника, и лицу было довольно жестко лежать. Время от времени врач напоминал мне сердитым голосом, чтобы я не двигалась.

«Господи, - начала я молиться, - помоги мне!» Я стала Ему все объяснять подробно (как будто бы Он Сам не знал об этом) и просила, чтобы Он защитил меня от этого ужасного врача. Кто мог знать, на что тот был способен в таком злобном расположении духа? Почти сразу же я ощутила спокойствие и заметила, что комната (по крайней мере, у потолка) стала светлее.

Внутренним взором я ясно увидела трех воинов ростом до потолка. Они стояли, повернувшись спиной к стене слева от меня, в том направлении, куда было повернуто мое лицо. Их головы касались потолка. Их вид был великолепен. Они нерушимо стояли плечом к плечу, скрестив на груди руки. Их ноги были расставлены настолько, что чуть касались ноги рядом стоящего. Одеты они были так, как, по моим представлениям, одевались римские воины: медный шлем, медный нагрудник, юбка с металлическими пластинами и сапоги до колен, обложенные медью.

Я не знала, видела ли я это все лишь в воображении или это были могучие ангелы в военных доспехах, посланные с небес и готовые прийти на помощь. То, что я услышала потом, поразило меня.

«Ну, так что, миссис Кеннетт, есть у вас дети?» - спросил доктор спокойным, мягким голосом.

«Что? - подумала я. - Неужели это тот самый врач, который минуту назад обращался со мной с нескрываемым презрением?» Вмиг его поведение полностью изменилось. К моему крайнему изумлению, до конца приема мы поддерживали вполне приличную и вежливую беседу.

Вскоре процедура была окончена. Врач поблагодарил меня за то, что я оказалась хорошей пациенткой, и пожелал мне на прощанье всего хорошего. «Только Богу под силу так изменить сердце», - подумала я.

Этот случай напомнил мне некоторые обетования из Библии:

«Воззови ко Мне - и Я отвечу тебе, покажу тебе великое и недоступное, чего ты не знаешь» (Иер.33:3).

А вот это - действительно сила!

«Скажите Богу: как страшен Ты в делах Твоих! По множеству силы Твоей, покорятся Тебе враги Твои» (Пс. 65:3).

У меня просто голова идет кругом, когда я думаю о том, как Бог защищает Своих детей. Да! Он могуч и силен и может передвигать горы, и менять в мгновение твердые человеческие сердца. Какому удивительному Богу мы служим!

Глава двадцать вторая

Его рука защитила меня

Меня пригласили на день рожденья к 80-летней бабушке. Со мной пошло несколько человек, и мы отлично провели время: хорошая еда, хорошая компания, да еще и познакомились там с другими пожилыми людьми.

Праздник уже подходил к концу, а одна из пришедших со мной женщин порядком к этому времени напилась. Вообще-то мне кажется, что она была единственная, кто пил за нашим столом. Алкоголь, похоже, лишь подливал масла в огонь чего-то взрывоопасного, все больше и больше разгоравшегося внутри нее и готового вырваться наружу в любой момент. Мы решили, что пора уходить, пока чего-нибудь не случилось. А тем временем признаки беды уже витали в воздухе. Мы сели в машину и поехали домой, но наша знакомая сильно злилась, потому что ей-то уезжать совсем не хотелось. Она стала ругаться на тех, кто сидел впереди. Я поняла, что, поскольку сижу рядом с ней на заднем сиденье, уже не смогу избежать столкновения с ней. Конфликт казался лишь вопросом времени. Вскоре ее гнев должен был обрушиться и на меня. Просчитывая в уме планы самозащиты, я чувствовала, как мой организм входит в состояние стресса. Я понимала, что, возможно, дело дойдет и до физического контакта. Мне ни разу не приходилось участвовать в драке, но я чувствовала, что всё шло именно к этому.

Поэтому, глядя в окно, я стала говорить со Своим Небесным Отцом: «Господи, когда она нападет на меня, я схвачу ее за руки и просто буду держать ее так, пока она не успокоится». Поскольку я находилась в состоянии полной боевой готовности и испытывала особый прилив сил, мне казалось, что я смогу сделать все, что угодно. Во мне вовсю бурлил адреналин.

Вскоре она, обратившись ко мне, сказала: «Ты, козявка вонючая!» Вот это да! Я, повернувшись к ней, сказала: «Ты пьяна». Но это только ухудшило положение. Она подняла руки, готовая вцепиться в мое лицо своими ногтями. И вдруг я просто оцепенела, с ужасом глядя на нее. Мои руки, словно парализованные, так и остались лежать сложенными на коленях, пока я, сама не веря происходящему, смотрела, как она отчаянно пытается впиться своими когтями в мое лицо. Поразительно, но она так и не смогла приблизиться к нему ближе, чем сантиметров на 10-15. Она предпринимала все новые и новые безуспешные попытки, что злило ее еще больше. Наконец, она сдалась, испустив пронзительный крик и какой-то ужасающий звук, а потом всю дорогу домой продолжала неистово кричать.

Весь остаток пути я провела в оцепенении, тупо глядя в окно на своей стороне. Всеобщее молчание нарушали только ее разгневанные крики отчаяния. Все это время я благодарила Всемогущего за его защиту. Он поставил между нами Свою руку (а может это была рука и ангела). Он спас меня от еще одной беды, которая могла оказаться намного страшнее, чем казалась вначале.

«Но верен Господь, Который утвердит вас и сохранит от лукавого»(2Фесс. 3:3). («Лукавый» здесь – сам сатана, часто действующий через людей, чтобы навредить нам).

Библия говорит, что сражение принадлежит Богу. В тот день я получила явное подтверждение этому. Сражение действительно принадлежало Богу – я была лишь сторонним наблюдателем.

«Тот, Кто в вас, больше того, кто в мире» (1Иоан. 4:4).

«Ибо Ты препоясал меня силою для войны и низложил под ноги мои восставших на меня» (Пс.17:40).

«Избавит в мире душу мою от восстающих на меня, ибо их много у меня» (Пс.54:19).

Глава двадцать третья

Лишь на миг

Стояла средина зимы, и казалось, что солнца я не видела уже много недель. Каждое утро я еще затемно выезжала из дому на работу и возвращалась домой, когда было уже темно. Я даже не открывала шторы на окнах всю неделю до выходных.

Зима выпивала все соки из моей души. Из-за то дождливой, то холодной погоды, большую часть времени я проводила в помещении, работая по десять часов в день; и это, безусловно, сказывалось на мне. Итак, в тот день я решила побаловать себя так нужным мне массажем.

Я договорилась о встрече сразу после работы, поэтому поехала туда прямо из офиса к 18:30. Я сидела в комнате для ожидания и слушала, как на улице льет ливень. К моей опустевшей душе подкралось ощущение страха. Вскоре ко мне вышла улыбающаяся женщина и спросила: «Вы Норма?» Я кивнула.

«Идите за мной», - сказала она и отвела меня в тускло освещенную комнату, пообещав скоро вернуться.

Я легла на стол и просто расслабилась. Я настолько устала, что тело, казалось, растаяло на топчане. Звучала прекрасная музыка, которую я ни разу до этого не слышала. Я просто лежала, впитывая звуки, которые так успокаивали мне нервы. Я, должно быть, забылась глубоким сном, потому что оказалась вдруг в другом месте и времени.

Я сидела спереди лодки, плавно плывущей вниз по реке. Пейзаж был восхитителен: куда ни брось взгляд – все мерцало и сверкало прекрасными красками, переливавшимися всеми цветами радуги. По обеим сторонам реки возвышались величественные, цвета золота утесы, как будто выросшие прямо из воды. Они казались прозрачными и мерцали великолепнейшими оттенками. Я плыла дальше, а вода сверкала такими же прозрачными красками со вспыхивающими повсюду бриллиантами. Вскоре я обернулась и увидела, что сзади сидит Иисус, делая мягкие гребки веслом по обеим сторонам лодки. Мне казалось, что как раз здесь-то и есть мое место: рядом с Христом, в том раю, который я даже не могла себе представить.

Вдруг открылась дверь, и женщина стала задавать вопросы. Я рассказала ей о том, что только что пережила и спросила, что это за музыка у нее на диске. Она вроде бы сказала: «На крыльях ангелов» или что-то в этом роде. «Подходящее название»,- подумала я.

Описывая эти небольшие опыты, я, как никогда раньше, замечаю, что Бог всегда утешал меня в моменты особой опустошенности или поглощавших меня житейских забот. Он всегда рядом.

Он пообещал в Послании к Евреям 13:5: «Не оставлю тебя и не покину тебя». И еще у пророка: «Любовью вечною Я возлюбил тебя и потому простер к тебе благоволение» (Иер.31:3).

«Иисус так хорошо знает каждую душу, как будто только ради нее одной принял смерть. Страдание каждой души трогает Его сердце, крик о помощи достигает Его слуха» (Желание веков, с.480).

Глава двадцать четвертая

Ящики

После окончания четырехдневного семинара, проводимого AFCOE (школа евангелизма «Удивительных фактов») в институте Веймар, у подножия гряды Сьерра, я возвращалась домой. Дорога как раз спускалась вниз, и я подумала о том, как бы мне хотелось жить где-нибудь в горах. Вдруг я услышала голос: «Продавай квартиру и уезжай из города. Продавай квартиру и уезжай из города». Это было сказано дважды. Вот это да! «Да, Господи, - подумала я, – продам. Я немедленно выставлю ее на продажу».

Пару лет назад я уже пыталась найти себе жилье в горах, но, перенеся операцию по удалению опухоли в голове, я решила остаться в городе, чтобы чуть дольше побыть недалеко от своего врача. И вот теперь Сам Бог указывал мне на необходимость уехать из города, и эта мысль мне очень понравилась.

Через друзей я нашла одну женщину, которая предложила мне выставить мою квартиру для продажи совершенно бесплатно. Она переставила мебель, кое-что выбросила, а из того, что осталось, соорудила совершенно восхитительную квартиру. «И почему мне самой не пришло все это в голову?» - подумала я. Мой знакомый Пол со своей командой рабочих перекрасил обе мои ванные комнаты и одну стену в гостиной, так как эта женщина сказала, что это намного улучшит вид квартиры; и так оно и случилось. Я поменяла плитку в кухне, а заодно и полы в ванных комнатах.

Мой друг Джон Бриджес порекомендовал мне в качестве риэлтора замечательную женщину по имени Гейл Джоунс. Вскоре приехала и она сама: пофотографировала, сделала видео тур по квартире, который потом выложила в Интернет; просмотрела бумаги и выставила объявление о продаже на улице. Все она делала тщательно и профессионально, и я чувствовала, что она обо всем хорошо позаботится сама. Соседи говорили, что квартира не продастся, потому что такая же, напротив, продается уже шесть месяцев, и всё безрезультатно. «Господь продаст ее, - сказала я. – Я не переживаю». Я получила три предложения, и продала ее за неделю, получив за нее больше, чем просила вначале.

Я стала быстро паковаться и перевезла крупную мебель и некоторые заранее упакованные ящики в хранилище. Но нужно было еще избавиться от кучи вещей и упаковать остальное. Ранее ко мне приезжали друзья с работы и сестра, чтобы помочь со всем этим, но сейчас я была одна. Мне был определен срок, в течение которого я должна была выехать. Он уже подходил к концу, а работы у меня еще было невпроворот.

Но я никогда не забуду один эпизод. Я только что сложила целый ящик христианских книг. Некоторые из них я уже читала, а другие еще нет. У меня было очень много книг!

Итак, я сложила этот огромный ящик сантиметров 30 шириной, 30 высотой и 1.5 метра длиной. Я не стала его запечатывать скотчем, потому что просто собиралась завезти его в Гудвилл (благотворительную организацию – прим. пер.). Когда же пришло время нести ящик, меня осенило: «А как же я одна подниму все эти книги? Они, наверно, тонну весят».

Я пришла в отчаяние. Рядом не было никого, кто мог бы мне помочь. Я взмолилась: «Господи!» - и, как вкопанная, простояла так целую минуту. Затем я вспомнила записанное в Послании к Филиппийцам 4:13 обетование: «Все могу в укрепляющем меня Иисусе Христе». Я нагнулась, ухватилась за ящик, на мгновение поднатужилась, и вдруг он стал легким, как перышко. Я с изумлением подняла его, вышла с ним из столовой, прошла кухню, спустилась к машине, наклонилась и поставила его в багажник.

Я немного постояла, прекрасно понимая, что только что получила помощь свыше. Может это был мой ангел-хранитель, а может - Сам Господь. Все еще под сильным впечатлением от случившегося, я поблагодарила Бога и продолжила заставлять машину ящиками поменьше и другими вещами, с радостью заново переживая случившееся чудо. Теперь весь процесс переезда представился мне в совершенно новом свете: я знала, что Господь со мной в этом предприятии. И по милости Его переезд был завершен.

Иногда мы переживаем о том, как нам осуществить какую-то задачу. Мы забываем, что для решения наших проблем у Бога есть тысячи путей, о которых мы даже не подозреваем.

«Ибо у Бога не останется бессильным никакое слово» (Луки 1:37).

«И все, чего ни попросите в молитве с верою, получите» (Матф.21:22).

Иисус сказал: «Не имеете, потому что не просите» (Иакова 4:2).

Если бы я не обратилась к этому обетованию в Послании

к Филиппийцам 4:13, то не уверена, что Господь помог бы мне. Я не могу сказать об этом наверняка, но я рада, что помнила это обетование и верила, что Бог ответит на него по-своему. Это чудо, безусловно, укрепило мою веру в Его обещания.

Глава двадцать пятая

Гудвилл

В процессе переезда мне пришлось частенько заезжать в Гудвилл. Я расскажу о двух случаях из того периода, которые мне особо дороги и хорошо запомнились.

К тому времени переезд вымучил меня окончательно. Я паковала ящики, бегала вверх и вниз по лестнице, моталась в Гудвилл и назад, едва-едва успевая что-то перекусить. Все начиналось, как только я просыпалась, и заканчивалось, когда я ложилась спать. Время истекало, а новый владелец хотел въехать как можно быстрее. Поскольку я уже перевезла всю мебель в хранилище, то спать мне приходилось в спальном мешке, на полу, в столовой.

Впервые приехав в эту квартиру, я поняла, что это ответ на мою молитву, и думала, что уже никогда отсюда не уеду. И вот новый переезд по повелению Бога и моему желанию оставить город и поселиться в горах (это, кстати, была моя давнишняя мечта).

В один из таких вечеров я вспоминала о событиях, происшедших в этой квартире. В столовой я составила свое завещание. В спальне я изливала душу и смиряла сердце перед Богом, чтобы осуществилась Его воля. Здесь же Господь обратился ко мне по имени и открыл значение сна, который я видела в операционной. Здесь же Бог заполнил пустоту моей души и сделал меня уже другой личностью. Первый год моей жизни здесь я просыпалась каждую ночь, садилась на порог просевшей гостиной и благодарила Бога за этот чудесный дом, которого я никогда не считала себя достойной. Это был дом ошеломляющих побед и ошеломляющих испытаний, укрепивших мою веру в Небесного Бога.

Наступило утро, и я снова была при деле: предстояла очередная поездка в Гудвилл. Поразительно, как за какие-то девять лет можно было накопить столько добра! Когда я заехала на стоянку у Гудвилла и открыла багажник, ко мне подошел молодой человек.

«Здравствуйте! – сказала я. – Вы не поможете мне поставить этот ящик с книгами в нужный лоток?» Он, словно не слыша меня, уставился на мой ящик, набитый христианскими книгами. Затем он сказал: «Новый Завет?» Его вопрос застал меня врасплох.

«Вы христианин?» - спросила я.

«Да», - сказал он.

«Ой, у меня сейчас нет с собой Библии. Но мне еще надо будет сюда приехать. Я привезу вам ее». Он обрадовался.

«Найдите где-нибудь себе сумку», - сказала я. Когда он вернулся, я стала накладывать ему книги, которые, как мне казалось, могли оказаться ему полезными. Он разгрузил машину, а я поехала за очередной порцией.

Я вернулась с совершенно новой Библией. Я часто задумывалась над тем, почему мне не хочется распечатать ее. Теперь я поняла, что эта Библия должна была стать подарком. Молодой человек быстро подошел к машине, и я дала ему настоящую Библию вместе с аудио Библией на диске. Он снова разгрузил мне машину, и мы разговорились.

«Как вас зовут?» - спросила я.

«Иаков».

«А, - сказала я, - это хорошее имя – из Библии!» Он расплылся в улыбке и кивнул головой, как бы говоря: «Я знаю».

Еще раз приехав в Гудвилл на той же неделе, я привезла еще один ящик такого же размера, тоже набитый книгами, в котором также были два DVD-диска «События последних дней». Я хотела выложить их оттуда, но забыла о них, пока теперь не отрыла багажник.

Как только я это сделала, другой молодой человек подошел ко мне и стал смотреть на ящик с книгами. Я попросила парня выставить его, а сама взяла сверху оба диска и заметила, как он впился в них взглядом.

«Хотите диск?», - спросила я. Его глаза загорелись и, не говоря ни слова, он быстро кивнул. Я подарила ему один диск, но он продолжал смотреть и на другой. Я спросила: «Вы и этот хотите?»

«Да!» - ответил он. И я подарила ему и другой диск.

«Вы христианин?» - спросила я.

«Да!»

«Тогда достаньте себе пакет, и мы наберем в него книг».

Он быстренько вернулся с пакетом, и я стала накладывать в него такие книги, как «Библейские чтения в кругу семьи» и другие, которые, как мне казалось, будут ему полезны. Он разгрузил мне машину, а потом подошел к багажнику и выставил на землю большой ящик.

«Как вас зовут?» - спросила я.

«Гавриил! - ответил он. – Это из Библии!»

«Точно!» - сказала я. Мы еще немного постояли вместе. Нам было радостно, и это говорило о том, что мы любим Иисуса. Мы попрощались и, отъезжая, я заметила в зеркало, что он достал себе еще книг из ящика и пытался засунуть их и в без того уже полный пакет.

Нам сложно предугадать, когда состоится следующая встреча, заранее предусмотренная Господом. Я была довольна, что у меня под рукой оказалось много материала на раздачу людям. Я просила Господа помочь этим парням установить более тесные взаимоотношения со Спасителем, а также о том, чтобы я встретилась с ними на небе и услышала историю их жизни.

Глава двадцать шестая

Бездомный

Я только что распрощалась со своим новым знакомым Гавриилом из Гудвилла. В тот день я еще ничего не ела, кроме зеленого напитка, выпитого утром. Уже было 16:15, а работы - хоть отбавляй, но я решила хоть что-то быстренько перекусить. Я купила себе буррито (кукурузная лепешка тортилья, свернутая пирожком, с начинкой из жареных бобов; подается с острым соусом; входит в меню многих ресторанов быстрого питания в США- прим. пер.), чтобы съесть его дома, а потом немного отдохнуть.

Я стояла на светофоре в ожидании зеленого сигнала и вдруг заметила бездомного, который сидел возле банка на противоположной от «Чипотлес» (название недорого ресторана в США- прим. пер.) стороне дороги. Я видела его там уже пару раз тем летом, но ни разу не испытывала побуждения помочь ему. До этого я уже помогала бездомным: иногда из сострадания, иногда, просто потому, что чувствовала побуждение к этому. Я стараюсь не оставлять без внимания подобные ощущения и действовать согласно им.

Я помню, что видела его тем летом в тяжелой, выгоревшей зеленой армейской куртке. Он сидел на земле, поджав к груди ноги и опустив голову, как будто не хотел видеть дневного света. И как он мог сидеть на солнцепеке в тяжелой одежде, когда температура поднималась временами выше 40 градусов?! Я сидела в машине, размышляя над тем, кто он и откуда, как вдруг меня охватило сильное желание накормить его. Оно было настолько сильным, что я расплакалась (такого со мной раньше не бывало). Мое сердце учащенно забилось. Я стала просить Господа: «Удержи его, пожалуйста, там, пока я привезу ему еды. И пусть свет будет красным, когда я подъеду к светофору, чтобы успеть дать ему поесть».

Я еле смогла дождаться своей очереди в «Чипотлес», потому что всё боялась, что он уйдет. Я подумывала о том, чтобы добавить ему в буррито гуакамоле, но решила, что положу в пакет бутылку холодной воды вместе с пятидолларовой купюрой. Все это время я молилась, чтобы он не ушел.

По милости Божьей он был еще на месте: все так же сидел с опущенной головой, закрыв ее с боков руками. Я поблагодарила Господа, что горел красный и за мной не было машин. Я подъехала к краю дороги, опустила до конца окно и окликнула его: «Сэр!»

Он не шелохнулся. Я позвала громче, почти прокричала: «Эй! Сэр!» Он медленно поднял голову. Его волосы были грязно-каштанового цвета и почти сливались с выцветшей, грязно-зеленой армейской курткой. Он с трудом поднялся на ноги. Затем, сгорбившись, медленно подошел к моей машине. Окно на стороне пассажира было открыто полностью, поэтому он всунул голову в машину и уставился на меня.

Увидев его вблизи, я испугалась. У него было изумительной красоты лицо: ясные голубые глаза, черные, как смоль, брови, неимоверной длины ресницы, черные, как смоль, усы и коротко подстриженная вокруг подбородка борода. Я также обратила внимание на то, что волосы, обрамлявшие лицо, были тоже черные, как смоль, а на остальной части головы – каштановые. Рассматривая бездомного, я заметила, что линия волос у него была как будто впереди другого лица – то есть почти отдельно от него. Мне казалось, что я видела между ними какое-то движение. В общем, это сложно описать.

Он был очень спокоен и красив и просто смотрел мне в глаза. Наконец, я пришла в себя, и, протянув ему пакет, сказала: «Здесь бу-бу-бурито и бу-бутылка воды и п-п-пять долларов». Он взял еду и еще какое-то время смотрел на меня.

«Бог любит вас», - сказала я. Не помню, ответил ли он что-нибудь. Затем он медленно высунулся из окна и так же медленно пошел на свое место. Я обратила внимание, что теперь все его волосы казались каштановыми. Я не могла понять, что происходит.

Удивительно, но лишь после всего этого зажегся зеленый, и я поехала. Я не знаю, сколько горел красный, но, похоже, довольно долго. На глаза навернулись слезы. По дороге домой я спрашивала: «Господи, кто это был? Ангел? Это был *мой* ангел? Или это был *Ты*, Господи? Я ненавижу лукавого, который обольщает несчастные души, доводя их до нищеты и лишая дома. Он искушает их думать, что его пути дают больше удовольствий и удовлетворения, в конце оставляя людей пустыми и деморализованными, без всякой надежды, зависящими от милости и подаяний других». В тот момент я сильно разозлилась на дьявола, потому что вдруг в новом свете увидела пагубность его обмана. А потом мне пришла мысль: «Надо было ему добавить гуакамоле в буррито!»

Через пять минут я была дома. Отложив буррито, я ходила по пустой квартире, по-прежнему находясь под сильным впечатлением от происшедшего. Может, это было от Бога? Если да, то мне казалось, что я недостойна этого; если же нет, то мне все равно хотелось быть ближе к Иисусу.

Эти дни послужили мне физической и эмоциональной проверкой. Переезд, хотя и был для меня желанным, вконец измотал меня. Я и так была истощена, не говоря уже о давящем на меня грузе работы, которую еще предстояло сделать в довольно короткий срок. Время, отведенное мне на выселение, истекало, минуты шли неумолимо, и я понимала, что не могу отдыхать, пока не закончу все.

Но, оглядываясь назад, я вижу, что Бог всегда был со мной. Он изливал на меня Свои благословения и помогал мне переносить тяжести всех «ящиков»; Он дал мне встречу с двумя братьями во Христе. А потом Он обновил меня Своей благостью, дав мне поделиться буррито (возможно даже с ангелом).

Библия говорит нам: «Страннолюбия не забывайте, ибо через него некоторые, не зная, оказали гостеприимство Ангелам» (Евр.13:2).

«Ибо алкал Я, и вы дали Мне есть; жаждал, и вы напоили Меня; был странником, и вы приняли Меня; был наг, и вы одели Меня; был болен, и вы посетили Меня; в темнице был, и вы пришли ко Мне.... И Царь скажет им в ответ: истинно говорю вам: так как вы сделали это одному из сих братьев Моих меньших, то сделали Мне» (Мт.25: 35,36,40).

Заключительные комментарии

Доводилось ли вам испытывать опустошение из-за того, что ваш земной отец нарушал свои обещания или применял к вам физическое насилие? А может, он вовсе не занимался вами или бросил вас, а может, постоянно затюкивал и унижал вас? Возможно, вам никогда не удавалось завоевать его расположение?

В такие моменты ваш Небесный Отец был с вами. Все, что вам довелось пережить, записано в небесных книгах. Он видел и чувствовал вашу боль и разочарование. Он плакал с вами. Примите Его своим Небесным Отцом.

«Господь хранит пришельцев, поддерживает сироту и вдову» (Пс.145:9).

«Отец сирот и судья вдов Бог во святом Своем жилище» (Пс. 67:6).

«Сироте Ты помощник» (Пс.9: 35).

Женщины, может ваши мужья перестали обращать на вас внимание? Может, нарушили свои обещания и ушли от вас к другой? Может, они неверны вам или жестоки. Иисус видит это и понимает все. Он ни разу не оставил вас бороться в одиночку. Может, у вас умер муж, и теперь вы одна? Выберите себе в небесные мужья, как это сделала я, Иисуса. Он ни разу не нарушил того, что обещал, и ни на минуту не оставил меня одну.

«Ибо твой Творец есть супруг твой; Господь Саваоф - имя Его; и Искупитель твой - Святый Израилев: Богом всей земли назовется Он. Ибо как жену, оставленную и скорбящую духом, призывает тебя Господь, и [как] жену юности, которая была отвержена, говорит Бог твой» (Ис.54:5,6).

Он так любит вас, что написал ваше имя на своих ладонях. Он помнит ваши слезы: «Вот, Я начертал тебя на дланях [Моих]; стены твои всегда предо Мною» (Ис.49:16).

«У Тебя исчислены мои скитания; положи слезы мои в сосуд у Тебя, - не в книге ли они Твоей?» (Пс. 55:9).

Что Бог существует, я знала с детства. Но Он мне всегда казался огромным – больше чем сама жизнь. Шли годы. Мне довелось пережить много разнообразных испытаний; и теперь я понимаю, что Иисус всегда был со мной.

В мире есть много горя, зла и бед. И мне кажется, что это не скоро изменится. Но что нас действительно может утешить, так это то, что Иисус видит все это, чувствует наши печали и нашу боль, плачет с нами. В Библии много пророчеств, указывающих на то, что Иисус скоро вернется. Он придет забрать на небо тех, кто повинуется Ему из любви.

Я рассказала вам о горестях, испытаниях и радостях одного единственного человека. Я бы ничего не стала менять. И если для того, чтобы так познать моего Небесного Отца, нужно было пройти через все это, то так тому и быть. И если у вас нет тесных взаимоотношений с Богом небес, Богом вселенной, то начните читать Библию, чтобы обрести в Нем свой путь на небо. Вскоре вы обнаружите, как в вас начинают происходить перемены, которые все больше и больше будут влечь вас к источнику любви, к Тому, Чьи руки были пригвождены к голгофскому кресту, Тому, Кто умер, пролив кровь, и взял на Себя наши грехи.

Библия говорит: «Приблизьтесь к Богу, и приблизится к вам» (Иак. 4:8).

А когда вы установите такие взаимоотношения с Богом, то не позвольте ничему другому встать между вами. Ничто не сравнится с Его любовью. Она ваша. За нее заплачена высокая цена: драгоценная кровь, которая дороже золота, серебра и всего, что может предложить этот мир. Все, что мы видим вокруг, однажды погибнет. Иисус же предлагает вечную жизнь и неописуемую радость. Не упустите величайший из всех даров, когда-либо предложенных человечеству. Вы больше нигде не найдете его.

В завершение я бы хотела привести высказывание Эллен Уайт, которое растопило мою душу и принесло мне огромную надежду и уверенность:

«Во всех наших испытаниях мы имеем неизменного помощника. Он не оставляет нас одних сражаться с искушениями и бороться со злом, ибо мы в конце концов были бы сокрушены тяготами и горестями. Хотя сейчас Он и скрыт от взора смертных, но вера поможет услышать Его голос, говорящий: «Не бойся, Я с тобою». «И живый; и был мертв, и се, жив во веки веков» (Откр. 1:18). Я перенес ваши горести, испытал всю вашу борьбу, встретился с вашими искушениями. Я вижу ваши слезы, Я также плакал. Мне ведомы печали, которые слишком глубоки, чтобы человек мог их понять. Не думайте, что вы одиноки и оставлены. Хотя ваша боль не трогает ни одно сердце на земле, но вы взирайте на Меня и живите. «Горы сдвинутся, и холмы поколеблются — а милость Моя не отступит от тебя, и завет мира Моего не поколеблется, говорит милующий тебя Господь»» (Ис. 54:10) (Желание веков, с.483).

Каждый день – это подарок свыше. Наша жизнь на земле – лишь вспышка по сравнению с вечностью. Старайтесь каждый день прожить так, как будто бы он последний. И пусть в вашей жизни явится любовь Христа.

В настоящий момент у меня возникла еще одна проблема со здоровьем. И если ничего не произойдет, то в недалеком будущем я могу уйти из жизни. Но знаете что? Я уже переживала подобное. Я уверена, что Господь – рядом и Он утешит меня. В моем сердце есть радость, которая помогает мне быть довольной даже тогда, когда будущее не представляется в ярких красках. И я не вижу в этом беды или катастрофы, потому что знаю Иисуса, а Он всегда со мной.

«Я Есмь означает вечное присутствие. Прошлое, настоящее и будущее для Бога едины. Он видит самые отдаленные события прошлой истории и самое далекое будущее с такой же ясностью, как мы видим те вещи, которые хорошо освещены дневным светом. Мы не знаем, что ожидает нас, но если бы и знали, это не принесло бы никакой пользы для нашего вечного будущего. Бог дает нам возможность проявлять веру и доверие к великому Я Есмь» (Дабы мне познать Его, гл.6).

В заключение мне бы хотелось поделиться с вами двумя текстами. «Господа Бога святите в сердцах ваших; [будьте] всегда готовы всякому, требующему у вас отчета в вашем уповании, дать ответ с кротостью и благоговением».

«Царю же веков нетленному, невидимому, единому премудрому Богу честь и слава во веки веков. Аминь».

Отклики читателей

«Норма Кеннет рассматривает в своей книге тяжелые эпизоды своей жизни через призму Божьего сострадания. И все это вместе составляет цельную картину пережитого - полную утешения, надежны, реальной цели и определенного смысла».

—Пастор Роберт Росс

«Глубокий, исходящий из самого сердца опыт автора дал мне по-новому ощутить личное присутствие Бога в нашей жизни – на каком бы ее этапе мы сегодня ни находились –,ис ним: мужество и утешение для оставшегося пути».

—Эсме Росс

«Жаждете ли вы более тесных отношений с Иисусом? Прочтите увлекательную историю Нормы!»

—Мэри Моррис, подруга

«Захватывающая история Нормы в очередной раз доказывает, что Божьей благодати достаточно, чтобы с ней преодолеть все сложности и пройти через все невзгоды».

—Кен Макфарланд

«История Нормы Кеннетт раскрывает перед нами образ любящего, заботливого Бога. Каждая страница ее книги напоминает нам о том, что Господь слышит наши молитвы и отвечает на них порой самым неожиданным образом. Прочитайте эту книгу, и вы получите благословение».

—Риккардо Грэм,
президент Тихоокеанского Униона церкви АСД, США

Мы приглашаем Вас ознакомиться с полным перечнем публикаций, которые Вы можете найти на сайте:

www.TEACHServices.com

Пишите нам по электронной или обычной почте о своих впечатлениях поводу этой или любой другой книги, которые мы публикуем на:

TEACH Services, Inc.
P U B L I S H I N G
www.TEACHServices.com ● (800) 367-1844

P.O. Box 954
Ringgold, GA 30736

info@TEACHServices.com

Публикации TEACH Services, Inc. можно приобрести отпом с целью бизнес и образовательных программ, а также сбора средств или с целью поощрения продаж.

Для получения дополнительной информации, пожалуйста, пишите на адрес электронной почты:

BulkSales@TEACHServices.com

Наконец, если Вы заинтересованы в том, чтобы увидеть свою собственную книгу в печатном виде, пожалуйста, свяжитесь с нами по адресу

publishing@TEACHServices.com

Мы будем рады рассмотреть Вашу рукопись бесплатно.

www.ingramcontent.com/pod-product-compliance
Lightning Source LLC
Chambersburg PA
CBHW072204270326
41930CB00011B/2530